谢柏梁 主编

中国京昆艺术家传记丛书

月下花神言极丽
蔡瑶铣传

胡明明　著

上海古籍出版社

《中国京昆艺术家传记》丛书
指导支持单位与编纂委员会名单

丛书指导单位

中华人民共和国文化部

中国人民政治协商会议全国委员会京昆室

中国文学艺术界联合会

中国戏剧家协会

丛书财政支持与直接领导单位

北京市教育委员会

北京市财政局

中国戏曲学院

丛书顾问委员会

曾永义　龚和德　洪惟助　薛若琳　齐森华　廖　奔

季国平　赵景发　舒　晓　周　龙　巴　图　吕育中

丛书主编

谢柏梁

蔡瑶铣

蔡瑶铣在长春参加电影《墙头马上》拍摄时留影（1963）

《海港》，蔡瑶铣饰方海珍（1965）

《血溅美人图》(1980)
(左起)蔡瑶铣饰陈圆圆,李淑君饰红娘子,白士林饰李岩

《牡丹亭》，蔡瑶铣饰杜丽娘，董瑶琴饰春香（1981）

《牡丹亭》，蔡瑶铣饰杜丽娘，许凤山饰柳梦梅（1981）

《西厢记》，蔡瑶铣饰崔莺莺，许凤山饰张生（1982）

《窦娥冤》，蔡瑶铣饰窦娥，周万江饰窦天章

《窦娥冤》，蔡瑶铣饰窦娥

《琵琶记》，蔡瑶铣饰赵五娘

《货郎旦·女弹》，蔡瑶铣饰张三姑

《长生殿》，蔡瑶铣饰杨贵妃

《玉簪记·琴挑》，蔡瑶铣饰陈妙常

《贩马记·写状》，蔡瑶铣饰李桂枝

《白蛇传·断桥》，蔡瑶铣饰白素贞

《百花赠剑》，蔡瑶铣饰百花公主

（右起）岳美缇、蔡瑶铣、张继青、尹继芳、洪雪飞在苏州合影（1982）

蔡瑶铣（左）与沈传芷老师、张洵澎合影（1986）

总 序

一

在宇宙的浩瀚星空中，我们人类所居住的地球，无疑是最有灵性的星球之一。

人类作为地球的主人，其源远流长的创造与发展变化的历史，主要由各行各业的杰出人物所代表，由各色各样的奋斗历程所体现。

在美丽地球的东方世界，在古老而又年轻的中国，历朝历代的历史大家们，一向以对各式各类人物事迹的记述与描摹作为己任。我国的人物传记体裁丰富多样，大致可以分为纪传（皇家大事记）、文传（文学化传记）、史传（历史家所写人物传记）、志传（各地方志中所记载的本地人物传记）这四大类别。四类传记彼此发明，互为补充，构成了中国传记文化的多元谱系。

从左史记言、右史记事的专业化分工，到《左传》、《国语》、《战国策》式的整体氛围感的描述，最后由司马迁振臂一呼，以人物传记体为中心的《史记》横空出世。《史记》记载了地球东方的上自传说中的黄帝时代、下至汉武帝元狩元年（前122）共3 000多年的华夏历史。概述历代帝王本末的十二本纪，记录诸侯国和汉代诸侯兴废的三十世家，描摹重要历史人物的七十列传，使之成为号称“史家之绝唱，无韵之离骚”的中国历史上第一部纪传体通史。

在《史记·孔子世家》所记载的夹谷会盟中，孔夫子面对“优倡侏儒为戏而前”

的表演场面，在非常严肃而力图放松的外交场合下，做出了特别粗暴野蛮的极端化处理。这也成为历代梨园界对孔子不够恭敬的源头。此后历代史书方志，都不同程度地涉及优伶们的言行事迹。

魏晋以降，文史两家由混成到分野，自一体而两适。文者重藻饰心曲，史家倡材料事实，各臻其至，泾渭分明。隋唐而后，碑铭行传，五花八门，高手操觚，佳作如云。韩愈《祭十二郎文》情深委婉，柳宗元为慧能所作碑文机趣横生。

北宋乐史作《太平寰宇记》，分地区而织入姓氏人物，因人物又详及诗词、官职，"后来方志必列人物艺文者，其体皆始于史"（《四库全书总目提要》）。

太平世界，因人物而繁盛；梨园天地，赖优伶而生存。

美妙绝伦的中华戏曲艺术从唐代的梨园开始，至少存在了漫长的10个世纪。千百年以来，戏曲艺术一直在蓬勃兴旺地发展，成为中国人民雅俗共赏的朵朵奇葩、民族文化中不可忽视的重要部类、戏剧天地内中华文化的闪亮名片、国际社会审美天地中的东方奇观。

较早对优伶进行分类撰述的史书，是宋代大文学家欧阳修的《新五代史》。该书包含了分类列传四十五卷，这种分类传的体例较有特色，其中就包括了《伶官传》。一向被人们所津津乐道，甚至还被收入到中学教科书的《新五代史·伶官传序》云："《书》曰：'满招损，谦受益。'忧劳可以兴国，逸豫可以亡身，自然之理也。故方其盛也，举天下之豪杰，莫能与之争；及其衰也，数十伶人困之，而身死国灭，为天下笑。夫祸患常积于忽微，而智勇多困于所溺，岂独伶人也哉！"尽管欧阳修的本意是说祸患之起乃多方面的原因所累积爆发而成，但还是对表演艺术家们带来了较大的负面影响。

与东土中国的情形完全不同，西方世界对于戏剧艺术家的看法与评价完全不一样。对于以三大悲剧家和一大喜剧家作为代表的古希腊戏剧家，对于以莎士比亚、歌德、席勒等的西方戏剧界的灿烂星座，西方人给予了无限崇敬和由衷热爱。

晚清以来最早睁开眼睛看世界的中国人，是那些在西方世界出使、考察或者读书的官员士子。当他们瞻仰西洋剧院的建筑艺术之华美绝伦、内部装饰之金碧辉煌后，不由地发出由衷的赞美，感叹西洋剧院其"规模壮阔逾于王宫"，特别是舞台上的机关布景之生动逼真，变幻无穷，"令观者若身历其境，疑非人间"；至于西方的戏剧艺术家地位之高贵，更是令国人叹为观止：所谓"英俗演剧者为艺士，非如中国优伶之贱"，"优伶声价之重，直与王公争衡"！

人类的艺术天地原本皆是可以共同分享的,何以东西方对于戏剧艺术家的认同度与景仰度,相差之大犹若天壤之别呢?泱泱中华,文明古国,难道就没有有识之士站出来振臂一呼,为戏剧艺术家们说几句公道话吗?

二

江山代有才人出,是非终有识者论。

我国历史上,首度给予戏曲艺术家们全方位高度评价的文人,是元代的钟嗣成(约1279—约1360)。这位祖籍大梁(今河南开封)的人士,长期生活在素有天堂之称的杭州城。他先在杭州官学读书,师从于邓文原、曹鉴、刘濩等名家宿儒,又与对戏曲有着共同爱好的赵良弼、屈恭之、刘宣子、李齐贤等人同窗攻书,其乐融融。有记载说,钟嗣成曾一度在江浙行省任掾史。他自己写过《寄情韩翊章台柳》、《讥货赂鲁褒钱神论》、《宴瑶池王母蟠桃会》、《孝谏郑庄公》、《韩信泜水斩陈余》、《汉高祖诈游云梦》、《冯驩烧券》等7种杂剧,但不知为何皆已散佚。

真正使得钟嗣成开宗立派、名传青史的著作,还是其为中华民族有史以来第一代剧作家描容写心、传神存照、树碑立传的《录鬼簿》。

《录鬼簿》上卷分"前辈已死名公有乐府行于世者"、"方今名公"、"前辈已死名公才人有所编传奇行于世者"三类,这三类名公才人之情形,乃其友陆仲良从"克斋吴公"处辗转所得,故"未尽其详"。下卷分为"方今已亡名公才人余相知者为之作传,以[凌波曲]吊之"、"已死才人不相知者"、"方今才人相知者,纪其姓名行实并所编"、"方今才人闻名而不相知者"四类。这上下两卷书大体依据时代之先后加以排列,一共记述了152位元杂剧及散曲作家的基本情况,同时也记录了400余种剧目。

我很欣赏钟嗣成的"不死之鬼"说。在他看来,天地开辟,亘古及今,自有不死之鬼在。何则?圣贤之君臣,忠孝之士子,小善大功,著在方册者,日月炳焕,山川流峙,及乎千万劫无穷已,是则虽鬼而不鬼者也。

不死之鬼,是为不朽之神或曰永恒之圣。在钟氏的神圣谱系中,那些门第卑微、职位不振的剧作家,那些高才博识、俱有可录的梨园才人,都值得传其本末,叙其姓名,述其所作,吊以乐章,使之名传青史,彪炳千秋,泽及后世。

因此,写作《录鬼簿》更为重要而直接的意义,还在于对于后学的直接指导和充分激励。"冀乎初学之士,刻意词章,使冰寒于水,青胜于蓝,则亦幸矣。名之曰录鬼簿。”惟其如此，则杂剧戏文创作之道，才可能被一代代年轻的才人们所自觉自愿地衣钵相传，推陈出新，生生不已，得到更加健康的发展。

元杂剧作为中国戏剧史上第一个黄金时代，需要有人进行认真的归纳和总结。从此意义上言，钟嗣成在中国的地位，因为其成书于至顺元年（1330）的《录鬼簿》之横空出世，甚至可以与西方的大学问家亚里士多德的《诗学》等书相提并论。

有明一代，在贾仲明所增补的天一阁蓝格钞本《录鬼簿》之后，又附有约成书于洪熙、宣德（1425—1435）年间的《录鬼簿续编》一卷。该书直接受到《录鬼簿》的影响，以相同的体例记述了元、明之间一些戏曲家、散曲家的大致事迹，接续前贤，踵事增华，令人欣慰。

自兹之后，从总体上对于当代戏曲作家进行专门记载和研究的著作，从明清两代至中华民国，皆未得见。中华人民共和国建国以来，安葵的《当代戏曲作家论》和本人的《中国当代戏曲文学史》等相应的专著，都属于《录鬼簿》的悠远传统在新时代的传承、师范和发展。

三

与《录鬼簿》蔚为双璧的元代重要戏曲典籍，是生于元延祐年间、卒于明初的华亭（今上海松江）人夏庭芝所撰的《青楼集》。前书论作家，后者集演员，正好勾勒出元代戏曲艺术家中两个最为重要部类的旖旎景观和绰约风采。

《青楼集》成书于元至正乙未十五年（1355），该书记述了从元大都到山东，从湖广武昌到金陵、维扬以及江浙其他地方的歌妓、艺人共110余人的简约事迹。这些女演员们各自身怀绝技，有的在杂剧、院本、诸宫调方面负有盛名，有的在嘌唱、乐器和舞蹈等项目上造诣颇深。有的演员如珠帘秀的弟子赛帘秀在双目失明之后，依然能在舞台上正常表演，“出门入户，步线行针，不差毫发”；脚步地位，规范犹在，这是多么高深的艺术造诣！

也正是因为她们的色艺双绝，声名鹊起，所以才引起了社会各界的热切关注和诸多应酬往还。书中除了记载与她们有过合作关系的20多位男伶之外，还记录了她们与诸多戏曲散曲作家等文人士子的交情。甚至有50多位达官贵人、名公士大夫，都与这些女演员们有着或多或少、或深或浅的广泛交往。一部《青楼集》，作为第一部比较简练而系统的表演艺术家史传，对研究元代演剧、表演艺术、演员行迹与时代风尚等多方面的话题，都具备非常重要的史料价值和文化意义。

明清以来，与关于戏曲剧作家的记录相对寂寥的研究局面不一样，类似明代潘之恒《鸾啸小品》之类关于演员与表演艺术的文献相对较多。表演艺术家们的优美声容及其较大的社会影响力，使他们得到了较多的关注和充盈的记载。

清代，戏曲艺术进入另一个鼎盛时期，演员记录极为丰富。《清代梨园燕都史料》中所收录的《燕兰小谱》、《日下看花记》等几十种书，都对演员予以了主体性的关注。如小铁笛道人在《日下看花记》自序中论及其作传缘起云：

> 唐有雅乐部。宋时院本始标花旦之名，南北部恒参用之。每部多不过四、三人而已。有明肇始昆腔，洋洋盈耳。而弋阳、梆子、琴、柳各腔，南北繁会，笙磬同音，歌咏升平，伶工荟萃，莫盛于京华。往者，六大班旗鼓相当，名优云集，一时称盛。嗣自川派擅场，蹈蹻竞胜，坠髻争妍，如火如荼，目不暇给，风气一新。迩来徽部迭兴，踵事增华，人浮于剧，联络五方之音，合为一致，舞衣歌扇，风调又非卅年前矣。……录成一稿，名之曰《日下看花记》。梨园月旦，花国董狐，盖其慎哉。余别有《杨柳春词》一册，备载芳名，以志网罗，无俾遗珠之叹。凡不登斯录者，毋怼予为寡情也。

这段序言，既有史识在，又有人情浓，令人为之莞尔首肯。

民国以来，由于出版业的发达与报刊传媒业的勃兴，又使得关于演员的记载、评选和评论蔚为大观。民国二十七年(1938)由徐慕云编著的《中国戏剧史》(上海世界书局出版)卷一专列《古今优伶戏曲史》，以编年体形式，研究家的眼光，纵述自先秦以来直到民国戏曲演员的大的历史线索与知名演员，颇具史家眼光。

近些年来，北京学者孙崇涛、徐宏图等人合著的《戏曲优伶史》(文化艺术出版社 1990 年)和上海学者谭帆的《优伶史》(上海文艺出版社 1995 年)先后问世，这都是关于中国历代演员事迹的研究著作。

四

中华人民共和国成立以来，戏剧艺术家的位置得到了前所未有的大提高。在全国政协委员和全国人大代表的席位中，戏剧家特别是戏曲表演艺术家都占有一定的比例。

与此同时，关于戏曲表演艺术家的各种传记资料愈来愈繁盛起来。最负盛名的自传性著作，是梅兰芳的《舞台生活四十年》。盖叫天的《粉墨春秋》，也曾激励过业内外的诸多读者。

20 世纪末叶到 21 世纪初叶以来，戏曲艺术家的传记纷纷面世。诸如河北教育出版社、中国戏剧出版社、中国青年出版社、文化艺术出版社等多家单位，都出版过不少戏曲家传记。

有鉴于目前出版的一些戏曲家传记，还存在着收录偏少、体例不全的遗憾，随着新资料的发现、新人物的涌现，社会各界迫切需要一套相对系统、完整些的戏曲人物传记资料。这既是对钟嗣成、夏庭芝等人开拓的曲家与伶人传记之风的现代传承，也是在国学与民族艺术学越来越受到全民重视的前提之下，从戏曲艺术家传记方面所做出的积极呼应。

在中国已经崛起为世界上第二大经济体的今天，在中国商品出口多、文化输出少的不对称情形下，在国际社会与世界戏剧界关于中国民族戏剧的热切关注下，一部系统的中国戏曲家传记丛书呼之欲出。

作为中国戏曲人才培养与学术研究的专业化最高学府，中国戏曲学院理所当然地应该担当起编纂中国戏曲艺术家传记丛书的重任。而且今天的戏曲艺术家丛书，既包括了演员与编剧在内，也同样不会遗漏著名的戏曲音乐家和舞美设计家等不同专业的代表人物。

中国戏曲学院的表、导、音、舞、美等不同系科，都对本专业的佼佼者了如指掌。在教师、研究生和本科生三结合的编纂模式下，在文献资料收集、当事人采访调查、专辑文本写作修改等较为漫长的过程中，学院都有着较为雄厚的人才基础。有道是铁打的校园水流的学生，也只有中国戏曲学院才能一直具备较为丰富而新鲜的专业化人力资源。

在北京市教育委员会的慧眼关照下，在上海文化基金会的支持下，在中国戏曲学院领导与师生的有效指导与大力参与下，在社会各界贤达众人相帮、共襄盛举的积极姿态下，《中国京昆艺术家传记丛书》终于正式立项。从 2010 年到 2011 年两年间，上海古籍出版社已经出版了 12 种京昆人物传记。从 2012 年开始，这套丛书将以月出一本的节奏，稳步运行，逐步推进。

2011 年 12 月 30 日，《中国京昆艺术家传记丛书》新书发布会及学术研讨会在京隆重召开。此次盛会由全国政协京昆室、文化部艺术局支持,北京市教委、上海文化基金会、中国戏曲学院、上海世纪出版集团联合主办。中国戏曲学院戏文系和上海古籍出版社具体承办。

国务院艺术学科评议组召集人仲呈祥、全国政协京昆室负责人赵景发、王春祥、文化部外联局舒晓书记、中国戏曲学会会长薛若琳、副会长龚和德、王安奎、北京戏剧家协会名誉主席郭启宏、中国艺术研究院话剧所前所长田本相等40余名院内外领导与专家出席了会议并发表了讲话。《中国戏剧》主编晓赓、《中国演员》主编陈牧,《中国京剧》、《戏曲研究》、《光明日报》、《新民晚报》等多家报刊的相关编辑参与了盛会。中国戏曲学院李世英副书记、上海古籍出版社田松青主任分别致欢迎词。张永和、翁思再、和宝堂、陈珂、陈培仲、田志平等院内外传记作者代表分别就自己的撰写情形作了交流。大家共同期待这套丛书能够成为中国戏曲学院的诸多学术与专业品牌之一,为弘扬京昆传统、继承国粹艺术、深化联合国教科文组织人类口头与非物质文化遗产代表作的研究与推广,发挥其应有的作用。

我们打算用五年时间,首先推出京昆艺术家当中的重要人物传记。五年之后,评传工程将向着越剧、黄梅戏、豫剧和粤剧等地方戏的各大剧种之领军人物转移,持续推进。积之以时日,继之以心力,伴随着梨园界各方贤达和社会各界有识之士的支持,中国戏曲艺术家的系列传记就一定能够在太平盛世当中积少成多,聚沙成塔,共同托举出中华文化中戏曲艺术家的辉煌群像。

五

本套丛书首批推出的系列传记,都属于中国京昆艺术家的可观序列。

昆曲,既是京剧之前最具备代表意义的"前国剧",又是戏曲剧本文学性较强、表演艺术趋于典范精美的大剧种,还是2002年起首批被联合国教科文组织列入"人类口头与非物质文化遗产"名录、具备较大国际影响的古典剧种。

从1917年开始,吴梅先生在北大开辟了戏曲教学的先例。在他的指导、启发和参与下,由上海的实业家穆藕初赞助,昆剧传习所在苏州正式开班,培养了承前启后的"传"字辈演员。设非如此,兰苑遗音,古典仙音,险些儿作广陵散,斯人去矣,芳踪难寻。至于北昆的韩世昌、白云生等人,也都是正式拜过吴梅先生的嫡传徒弟。这些人,这些事,不可不写,不可不传。

京剧,至今被公认为中国戏曲最具代表性的剧种,海内外的不少人索性将其称为“国剧”,也被列入人类非物质文化遗产代表作,得到社会大众的认同。京剧表演艺术家,流派纷呈,各称其盛,具备非常广泛的群众基础,也在世界各国都具备较高的知名度。这些角儿,这些流派,不可不述,不可不歌。

因此,昆曲类传记中,首先推出的是近代戏曲学术大师吴梅、昆剧表演艺术大师俞振飞和素负盛名的昆剧“传”字辈老艺人;京剧类传记中,“四大须生”与“四大名旦”等名宿传记也规划较早。

细心的读者很快将会发现,在本套丛书中,大多数都是众所公认的戏曲界大师,但也还有部分正处在发展过程的中年名家。或许有人要问:既然曰传,树碑立传,盖棺才能论定,中年才俊尚还处于发展过程之中,缘何仓促为之写传?

此问有理,但又不全正确。须知任何一时代较有影响的人物,首先是被同时代的人们所热爱。举例说来,于魁智、李胜素和张火丁等人都还处在发展前进的艺术路上,可是他们也确实拥有大量的观众群。那些忠实的粉丝们,迫切需要知道他们心中偶像的更多情形。那么,为同时代的人们的戏曲界偶像树碑立传,实属必要。再比方今天我们的诸多梅兰芳传记,实际上更多的是具备历史文献的意义,因为现存的大部分观众再也无缘得睹梅大师演出的现场风采了。

更有甚者,我们与《中国京剧》的朋友们总是计划某月某日去采访某一位德高望重的艺术家。可是每当我们如期去实地采访时,常常会发现老人家年事已高,对于昔日的风采与精彩的艺术,已经很难清楚地加以表述了。英雄暮年,情何以堪?

至于有时候看到讣告上的名家,原本已经列入我们要拜访的日程表上,但是拜访者尚未成行,受访者却已经远行,远行到另外一个遥远而不可及的世界中去也!天壤永隔,沟通万难,那就更属于永远的遗憾了。

有鉴于此,我们提倡两次写传法或曰多次写传法。此次先写名家的壮年时期,未来再补足传主的晚年事迹,这样的传记,也许更加齐备可靠一些。若必要年老而可写,若必等盖棺而论定,却使后人对前辈艺术家知之甚少,叙之渺渺,称之信史,恐也非理想之传记。

传记的生命力在于讲述一个个真实的故事,演出一幕幕人生的大戏。但是如何讲好故事,怎样使得故事讲得精彩动人,令人读后余香满口,味道袭人,实属不易。《史通》说:“夫史之称美者,以叙事为先,至若书功过,记善恶,文而不丽,质而非野,使人味其滋旨,怀其德音,三复忘疲,百遍无斁。”

戏曲艺术家们在舞台上创造了富于美感的各色人物形象，但在生活中却还是一位凡人，或者说往往是一位烦恼更多的凡人。如何使得生活中的凡人和舞台上各色才子佳人、贤士高官和其他或正或邪的人物形象有机地对接起来，更是亟需在传记写作过程中不断探索的难关。

传记包括家族身世、教育承传、艺术人生和舞台创造等部分，也酌选精彩而有历史价值的照片，以期图文并茂，赏心悦目。传记强调文献记载、口述历史与适度评述相结合。附录包括大事年表、源流谱系、研究资料索引等。每位传主的评传大约15万字，俱以单行本方式印行出版。

二百年来，风云变幻，梨园天地，名家辈出。区区一套丛书，尽管编者力图使之相对完整系统一些，但挂一漏万、沧海遗珠的现象，还是不能避免。即便收入本丛书中的名家大师，由于多侧面历史的诸多误会以及材料的相对匮乏，由于诸多热情有余、经验不足的年轻人的参与，错讹之处，在所难免。尚求方家不吝指正，遂使学问一道，有所长进；梨园群星，光芒璀璨。这也正好呼应了马克思的人物传记理想，那就是写人物应当从感情气势上具备“强烈色彩”、“栩栩如生”，力求达到恩格斯关于人物形象应当“光芒夺目”的审美理想。

尽管为梨园界的艺术家们作传，从理论上看厥功甚伟，但实际工作却常常举步维艰。甚至梨园界的一些同仁乃至某些传主的家属学生，也都会存在着一些不一致的想法。尽管前路漫漫，云雾遮蔽，甚至常常山重水复，坎坷难行，但是坚定的追求者和行路人还是会历经千辛万苦，抹去一路风尘，汇聚锦绣文章，迎来晨曦微明。

彼时彼刻，仰望戏曲艺术的长空，那一颗颗晶莹的晨星正在深情地闪烁着动人的光华。晨钟响起，无限芳馨远播，那正是全体传记写作人和得以分享传记的读书人，以及关心本套丛书的戏迷和社会各界朋友们的无量福音。

谢柏梁

2012年元旦

（本丛书主编为中国戏曲学院戏文系主任，北京市特聘教授与教学名师，国务院政府特殊津贴专家，中国戏剧文学学会副会长）

序一　她若还在，那该多好

转眼间，瑶铣离开我们已经有七年多了。这些年，每每老朋友聚在一起，聊往事，聊昆剧，大家总会想到她。我常常在心里叹一口气，想着："她若还在，那该多好！"

我和瑶铣是上海市戏曲学校"昆大班"的同学，她小我两岁，算是师妹。众所周知，"昆大班"人才济济，旦角个个出挑。蔡瑶铣的"总分"也很高，无论扮相、个头、表演都很优秀。她主学闺门旦和正旦两个行当，偏重于正旦，在唱的方面尤其突出，吐字行腔很讲究，这与她从小就接触音乐有关。我和她很谈得来，不仅因为都姓"蔡"，还因为脾气相投。我们常常合作，演得较多的是《评雪辨踪》一折，她演刘翠屏，我演吕蒙正，配合很默契。这真是一种缘分，少年时代的天真烂漫和无知无畏，不论酸甜苦辣，如今都成为最美好的记忆。

我和瑶铣合作的第一个大戏是《白罗衫》。那是1962年初，我们都从戏校毕业了，由"昆大班"和"京大班"组成了上海青年实验京昆剧团，后来习惯称作上海青年京昆剧团。剧团当时排演了两个大戏：昆剧《白罗衫》和京剧《大名府》。

《白罗衫》演少年巡按徐继祖受理一件18年前的杀人案，被告竟是自己的父亲徐能。他秉公断案，发现告状的妇人郑兰才是自己的亲生母亲。当年，涿州书生苏云携妻赴兰溪上任，途中为徐能所害。妻子于逃亡途中产下一子，用白罗衫裹弃。后竟被徐能收养，取名继祖。18年后，徐继祖高中，巡视江南，路遇亲生母亲告状。最后白罗衫出现，母子相认，一家团聚。《白罗衫》是昆剧的传统戏，以《看状》一折最为著名。为了适合我们演出，重新改编整理了剧本，由华传浩、沈传芷两位老师任艺术指导，还邀请了著名的电影导演舒适担任导演。我演徐继祖，瑶铣演母亲郑兰，有很多对手戏。郑兰这个角色挺重，满腹冤屈，忍辱负重。瑶铣以正旦应工，表现十分出色。《白罗衫》演出后，反响热烈，我记得《新民晚报》和《文汇报》都刊登了报道评论，还参加了1962年在苏州举行的昆曲汇演，获得好评。

《白罗衫》，蔡正仁饰徐继祖，蔡瑶铣饰苏夫人，陆永昌饰奶公，成志雄饰小三

可惜，《白罗衫》也是我和瑶铣唯一合作的大戏。不久，"文革"爆发，剧团解散。同学们有的下了乡、进了工厂，有的进入样板戏剧团跑龙套。因为专业出色，瑶铣进了样板戏《海港》剧组，担任方海珍的B角，算是我们这些人中机遇最好的。在那个风云诡谲的年代，瑶铣保持了她的正直和傲气，之后虽有是是非非，她总能坦然而超脱。

1978年1月，上海昆剧团成立，蔡瑶铣自然也是主要演员之一。上昆排演大戏《蔡文姬》，我演董祀，瑶铣则是蔡文姬的B组和合唱领唱。一年后，因为爱人在北京工作，瑶铣调往北方昆曲剧院。

20世纪80年代初，瑶铣在北昆接连排演了《牡丹亭》、《西厢记》、《窦娥冤》等几出大戏，成绩斐然，作为老同学、老朋友，我也替她高兴。在艺术上，瑶铣越来越成熟，尤其是她继承整理的《货郎旦·女弹》一折，在唱念、表演上都有一个质的飞跃，令人刮目相看。90年代，她又推出了《琵琶记》。从窦娥、张三姑，到赵五娘，形成了一个“正旦”系列，这在当时昆剧界可谓独树一帜。

我们相隔南北，又分属不同的院团，合作的机会很少，但从未断了联系。我只要到北京，或者她来上海，就会相约聊聊各自的近况。有时候参加曲会等活动，我们也会合作一小段，常演的是《长生殿·小宴》中的[泣颜回]。我们还一起为俞振飞、言慧珠老师的《玉簪记·琴挑》录音配了像，现在想来，是我们留下的为数不多的影像资料。虽然每次相聚时间都不长，但我们的感情丝毫不减。

这中间有两件事，我至今难忘。

一件是我受她邀请，赴北昆教学。20 世纪 80 年代初，北昆招收了一批小学员，用“以团带班”的方式培养。因为师资缺乏，瑶铣便邀请我们这些老同学去教戏。当时王振义、邵峥、温宇航不过十五六岁，我陆续教了《贩马记》、《断桥》、《见娘》等小生戏。瑶铣为这些孩子费尽心力，教戏排戏事事操心，这是我亲眼所见。当时她主教的几个旦角条件都很好，可惜现在还留在昆剧舞台上的寥寥。她也教小生戏，王振义、邵峥如今都是成熟的演员，各有成就，瑶铣功不可没。

还有一件就是在 90 年代中期，我和瑶铣受邀赴台教学。在两个多月里，我们教了《长生殿·小宴》、《乔醋》等好几个戏，还给《琴挑》、《评雪辨踪》录了像。瑶铣教戏认真细致，给学生留下了深刻印象。学生们还精心为她筹办了生日会，那些日子过得真是愉快。自从她去了北昆，我们相聚总是匆匆，难得有这样的机会能静下心聊天谈戏。

2005 年，文化部在上海建立了“昆曲表演人才培训中心”。筹备“旦角培训班”时，我想邀请瑶铣来教《女弹》。瑶铣欣然同意，并答应暑假时她就来上海。学生们听说蔡老师要来教《女弹》，都很兴奋，一直盼望着。可是，开班前她突然打电话说最近身体不好，好像胰腺有点问题，医生建议休息一段时间。我当时并没有多想，以为她稍加调养，就能过来教戏。没想到，她的病情比我想象中严重得多，后来才知道是胰腺癌。现在想来，瑶铣身体确实一直不好，在台湾时就觉得她精神有点差，还以为是教戏太累的缘故。之后，她身体也是时好时坏，一直没有完全恢复。原来病根早种，我们都没重视，结果这次来势汹汹。听说她住院了，我趁在天津演出《长生殿》的间隙，去北京看她。当时情况还好，我还鼓励她安心养病。不想，11 月，竟传来瑶铣去世的噩耗，前后不过两个月时间！我匆匆赶到北京参加她的追悼会。五十多年的老同学、老朋友突然离开，我的悲痛，语言难以形容。

瑶铣离开的时候，不过六十出头。无论是演出创作，还是培养学生，她在艺术

《长生殿·小宴》，蔡瑶铣饰杨贵妃，蔡正仁饰唐明皇

上还应该大有可为。这几年昆剧的发展形势越来越好，北昆也办得有声有色。而且，就全国而言，正旦方面的演员和戏都缺，而这正是瑶铣所长。

瑶铣如果还在，那该多好，她还可以为昆剧、为北昆做很多事情。

我们这一代人，尤其是从事昆剧这门艺术，人生不免坎坷，艺术也有起伏，瑶铣尤其不易。世事多有遗憾，我已是年逾古稀的年纪，很多事情也能看开看淡了，但瑶铣的过早离世却是我心头一件挥之不去的伤心事。

蔡正仁

2013 年 1 月

（本文作者系原上海昆剧团团长，昆曲名家，国家一级演员，国家级昆曲传承人）

序 二

胡明明先生诚邀我为《月下花神言极丽——蔡瑶铣传》一书作序，我欣然应允。为艺术家留“影”和留“字”的作用是不同的，留“影”可以让人们看到舞台上艺术家的艺术风采和艺术形象，而留“字”更可以看到艺术家的人生和感悟。二者我更欣赏后者，因为留“字”方能反映艺术家真实的心路历程和艰辛的艺术实践，而这些是留“影”看不到也听不到的。

我与瑶铣共事二十多年，因比她大几岁，故一直称呼她为“小蔡”。她给我的印象是端庄稳重，视昆曲为第二生命，视北昆为她第二个“家”。她演的戏我都看过，也都非常喜欢。在北昆和她相处的二十几年，舞台上我和她合作过两出戏：《血溅美人图》中她饰陈圆圆，我饰李自成，她是主要角色之一，我是配角；《水淹七军》中，我演关公，她演关夫人，我是主演，她是配角。

记得20世纪80年代，我的《千里送京娘》一戏曾有机会与她合作，赵京娘这个角色她演起来也觉非常合适，但她考虑再三最终还是“放弃”了。原因是她觉得自己刚到北昆没几年，已经连续排了几个大戏，如《牡丹亭》、《西厢记》等，赵京娘这个角色还是让洪雪飞继续演好些，没曾想至今却成为遗憾，终究没能与她合作成《千里送京娘》。

眼瞧着许多前辈都走了，又眼瞧着比我小的“小蔡”走了，真是非常心痛。我要呼吁，像我这把年龄的艺术家们是真要抓紧留点东西了，现在这么好的条件，与前辈比，我们是幸运的，赶上了好的时候，一定要给后人留德、留心、留艺。

《水淹七军》,侯少奎饰关公,蔡瑶铣饰关夫人

这里愿借这个机会感谢胡明明先生为我、瑶铣与大元先生三人写了书,留下了资料。我知道这真的很不容易,不是谁都能做到的。我眼中的胡明明先生如北昆的“李渔”和“齐如山”般,是位有思想、有理论、有实践、不空谈、务实事的人。他熟悉北昆,北昆老少演员基本上都经过他的“包装”。他善文善戏善诗词,写文写戏写诗词都有着他自己鲜明的追求和风格。他在写我的传记时,首次提出了“侯三出”的概念,并对《林冲夜奔》、《单刀会》和《千里送京娘》进行了全面的艺术总结,把这三出戏上升到侯派武生代表作的位置。现在看这个概念的提出和总结是对的,得到了业界和社会广泛的认可和接受。

这本书采取了一种把蔡瑶铣的人生放到了一个大的历史背景中去描写的手法。我感觉书中的瑶铣如一位当代昆曲发展史的“解说员”,人们可随着她的亲身经历和娓娓“解说”,全景式地去感受建国后昆曲发展的实际状况,如一本当代昆曲简史,这是本书的特色之一。

我是很怀念瑶铣的,2013 年正值她诞辰整 70 周年。为此,感谢本书作者,感谢中国戏曲学院,感谢上海古籍出版社,感谢给予本书支持的相关单位,正是你们的努力,使昆曲艺术的历史留了下来,使昆曲艺术的传承得以延续,这对研习传承昆曲艺术有着极其重要的意义。

侯少奎

2012 年 8 月

(本文作者系昆曲名家,国家一级演员,国家级昆曲传承人)

目录

第一章　上海记忆

人在少年时代总是没有愁的，除了快乐和梦想，还是快乐和梦想。辛弃疾“少年不识愁滋味，爱上层楼”的词句让人感到清凉天空，一片舒爽。少年时代最幸福，可也过得最快，转眼之间，一去不复返。别的什么都记不清了，只有少年时代的梦现在想起来记得最清楚，也最甜。

蔡瑶铣的梦是从上海开始的……

蔡瑶铣1943年出生在上海，祖籍是浙江慈溪。一直到1979年“南燕北飞”到北京，算起来在上海生活、学习、工作了三十多年，衣、食、住、行的习惯都是在上海留下的。这样说起来，她算是个上海人应该没问题，准确点说是一个浙江籍的地道上海人。

在蔡瑶铣还没记多少事时，上海解放了。当时解放军盛大的入城仪式她记忆犹新，印象更深的是上海市民跳秧歌欢迎解放军入城时的场景。

我家门口那时整天都很热闹，一队一队解放军，一过就是一整天，市民敲锣打鼓扭秧歌，这个场面印象很深。[1]

[1] 全书引文，除注明出处外，均为蔡瑶铣口述，下不另注。

蔡瑶铣出生在上海的一个大家庭里。

我家是个比较大的旧式知识分子家庭。我小时候跟爷爷奶奶住一起，有三个叔叔、三个姑姑，外婆家那边有三个舅舅、一个姨，我父亲和母亲都是老大，所以在孙辈中我是老大，在外孙那边我也是老大。在我印象中，我就是生活在这样一个家庭里。因为父母都是老大，在第三代小辈中我也是排第一的，所以在这样的情况下，环境比较优越，父母亲比较宠我，叔叔姑姑也比较宠我。

在家里，除去父母外，二姑和小叔对蔡瑶铣特别好。

我跟二姑特别好，从小就特别有感情，某种程度上她比我和妈妈还亲。我那时老跟着她，包括后来她去谈恋爱我也跟着她，小时候她要是不在家我就会满处找她，甚至连床底下都要找，这些小时候的事我脑中还有印象。她人非常好，待人很正直、很忠厚、很善良、很真诚，所以对我的为人也有些影响。

我跟我的小叔叔差七八岁，所以他们老带着我玩，我可以骑在他们脖子上，他们都很疼我。包括到外婆家那边，舅舅他们也很疼我。

因蔡瑶铣的父亲在日本留过学，懂日语，在日本占领上海时期，这个大家庭基本上没有受到什么冲击。

我父亲抗战前在日本留学，是学纺织工程的，那时日本这方面技术很不错。日本人统治上海时，因为我爸爸在日本留过学，会说些日本话，有时就能沾点光。那时晚上不许点灯，因我奶奶眼睛不好，要点灯日本人就要来查，父亲就用日语跟他们说点希望能通融的话，所以在这个大家庭中，我们的环境还是比较优越的。

蔡瑶铣的爷爷是个生意人。

我爷爷特别疼我，我会喝酒就是爷爷给教出来的。我老家是浙江，能喝黄酒。小时候吃饭一大桌子人，我是长孙女，爷爷疼我，总是让我坐在他腿上，总是拿个筷子在我嘴里放一点酒，逗我玩，时间一长，就练出来了。我会喝酒，但一般我不喝。爷爷那时做生意，有时跑到广州，广州离香港近，有些东西比上海新鲜，他就给我带小凉鞋，还有那边很漂亮的小板凳等。

蔡瑶铣上学以后，逐渐了解了上海，知道了上海的历史。上海旧时为县，称华亭，明代弘治年间的《上海县志》记载："上海县旧名华亭，在宋时，番商辐续，乃以镇名，市舶提举司及榷货场在焉。元至元二十九年，以民物繁庶，始割华亭东北五乡，立县于镇，隶松江府，其名上海者，地居海之上洋也。"

再后来蔡瑶铣知道了徐光启，余秋雨认为明代进士徐光启可算第一个严格意义上的上海人。就是这个金山卫秀才、翰林院庶吉士的中国传统知识分子徐光启后来居然与西方人利玛窦一起译出了一大套《几何原本》。当时还是明万历年间，离西方用炮舰轰开东方大门的鸦片战争还有漫长的二百三十多年。

这个徐光启非常善于处世，不断受到皇帝重用。《几何原本》刊行二十年后，他先做到了礼部侍郎，不久又成了礼部尚书。官居要职的他开始正儿八经地宣扬天主教，提倡西方科学文明，延聘重用外籍人士。然而忙活了没几年，就劳累而死。徐光启死后，崇祯皇帝还"辍朝一日"，以示哀悼，灵柩运回上海安葬。安葬地也就是他家族世代汇居地，从此这里被称为"徐家汇"。徐光启至死都是中西文化的一种奇异组合：他死后由大明朝廷为他追封谥号，而他的墓前却又是西方教会给他立的用拉丁文写的碑铭。

蔡瑶铣再进一步认识上海，是读了茅盾的《子夜》：

太阳刚刚下了地平线。软风一阵一阵地吹上人面，怪痒痒的。苏州河的浊水幻成了金绿色，轻轻地，悄悄地，向西流去。黄浦的夕潮不知怎的已经涨上了，现在沿这苏州河两岸的各色船只都浮得高高的，舱面比码头还高了约摸半尺。风吹来外滩公园里的音乐，却只有那炒豆似的铜鼓声最分明，也最叫人兴奋。暮霭挟着薄雾笼罩了外白渡桥的高耸的钢架，电车驶过时，这钢架下横空架挂的电车线时时爆发出几朵碧绿的火花。从桥上向东望，可以看见浦东的洋栈像巨大的怪兽，蹲在暝色中，闪着千百只小眼睛似的灯火。向西望，叫人猛一惊的，是高高地装在一所洋房顶上而且异常庞大的霓虹电管广告，射出火一样的赤光和青似的绿焰……

读完《子夜》再"读"上海，清晨，伴着有轨电车"叮叮当当"的声音醒来，在太阳底下，轨道被不断地抽长了，又缩短了，抽长了，又缩短了，就这么样往前移动……夜晚，又在"叮叮当当"的有轨电车声中沉沉地睡去，白天的记忆一点一点地变成了一道一道的虚线，暂时切断了时间与空间的界限。

随着渐渐地懂事，在蔡瑶铣眼里，过去看到的"平面"的上海在她的脑子里慢慢地变成了"立体"的上海。她开始琢磨眼前熟悉的上海，每天日常见到的各种景象太熟悉了，熟悉地忘记了它的存在。

此时的蔡瑶铣开始接触上海的文化内涵。

小时候外婆和奶奶喜欢戏，特别是越剧，是越剧迷。那时上海的越剧很红，演员也很多。解放初，上海有好几个越剧团，有一大批私营剧团，还有一大批越剧演员，出现了一大批以袁雪芬为代表的越剧红人，像袁雪芬、范瑞娟、傅全香、戚雅仙等这样的名角儿在上海有一大拨儿，她们的戏我全看过。外婆和奶奶一看戏就带着我去，那时我刚刚有点懂事，就觉得好玩。当时的名角儿几乎都看遍了。开始是因为越剧好听，又都是女人来演，服装、动作、唱腔都感到很美。后来，剧情熟了，明白了，感情就随着剧中的人物一起上下起伏，凡剧中快乐的情节能让我几天下来都感到很高兴，整天蹦蹦跳跳的，天真活泼得像只燕子。

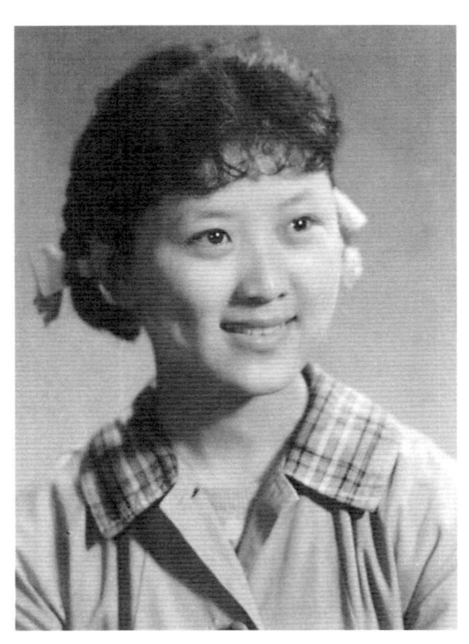

蔡瑶铣(1958)

可戏里不都是快乐的事呀，开始不懂，看大人流泪感到很奇怪，蔡瑶铣不明白，老是问外婆和奶奶："台上怎么老是哭哭啼啼的，看戏的大人们怎么老是擦眼泪？不是都解放了吗，干嘛要哭，干嘛要擦眼泪？"

外婆和奶奶总是说：你长大就知道了。

再问，外婆和奶奶烦了，就说："这是戏，听话，好好看戏。"

哦，原来戏是可以让人哭，也是可以让人笑的。

蔡瑶铣朦胧地知道点什么是"戏"了。

记得有一次看戚雅仙的《龙凤花烛》，是一个很苦的戏，奶奶跟我说这个戏很苦，我就会拿个小手绢放在兜里，还真哭了。从那时起，我记住了"戏"这个词。

以后，再看越剧时，蔡瑶铣都会带上手绢，和大人们一起哭，一起笑，一起用手绢擦眼泪，一起"痛并快乐着"。

到进小学读书时，我们有三个比较要好的同学，一个姓戴，一个姓王。每天做完功课后轮流到每人家玩，玩"演戏"，拿纱巾在头上一缠，然后身上披点东西瞎演一气。因为老看戏，所以有些像《梁祝》等也会唱一些段子，记得弟弟还常给我们捣乱。

上海呀，你不就是一出有"哭"有"笑"有着演不完"故事"的"大戏"嘛。经济上、商业上、民族工业上，上海都是最早接触西方工业文明的城市之一。思想、文化等方面，上海也是最早接触西方先进人文思想和思潮的城市之一。1915 年 9 月 15 日，由陈独秀主编的《新青年》在上海创刊。1920 年 8 月，由陈望道翻译的《共产党宣言》全译本在上海出版。1921 年 7 月 23 日，中国共产党第一次全国代表大会在上海望志路 106 号(今兴业路 76 号)召开。中国近现代几乎所有重要的思想家、革命家、文学家和教育家都在上海工作、学习、生活过，都在上海这座城市奋斗过。

上海还是最早流行如通俗音乐、电影、时装等时髦东西的地方，这些最能体现现代社会的文明和进步。在中国近现代的戏曲史、戏剧史、音乐史和电影史中，几乎所有著名的演员都和上海有着千丝万缕割舍不断的联系。

上海在承载和接受这些文明事物的同时，还能保持最传统的文化。弄堂里、阁楼上、茶馆间，甚至现代化的剧场里仍不时飘出阵阵清音雅乐、丝竹小调。昆曲、京剧、越剧、沪剧、评弹等传统艺术，十里洋场舞厅里香港菲律宾乐队的拉丁风情、爵士和华尔兹舞曲的音乐特质，以及街头的叫卖、有轨电车的"叮当"声都奇怪而和谐地“并蓄包容”地糅杂在一起。

这一切让身在上海的蔡瑶铣神往。

上海在我的眼里变成了一个很奇怪的都市，是一个能把历史传统和近现代文明如此完美地“并蓄包容”，汇集在一起的都市。

上海把“并蓄包容”发展到了极致。上海不拒绝外来的文明，历史上许多“离经叛道”的理论和在当时看来匪夷所思的观念大多源自上海。上海又是从骨子里保持着民族文化的城市，而且是“原汁原味”地存留了下来——戏曲便是其中之一。

说到保留传统文化，上海跟蔡瑶铣后来了解到的北京是大不相同的。北京是天子脚下，“祖制”谁也不敢动，要动也是皇上自己动。上海不同，虽然“原汁原味”，但天高皇帝远，是谁都可以动的。

梅兰芳的“时装戏”和“古装新戏”等基本上都是在上海完成构思和创作的。于是就有了“‘政治改良’在北京，‘艺术改良’在上海”一说。“政治改良”失败了，戊戌变法，死的死，逃的逃。可“艺术改良”却成功了。1918 年后，梅兰芳移居上海，在上海形成了他的梅派风格。这种现象甚至一直延续到现在，即便是“文革”中，就上海最先推出的现代京剧《智取威虎山》和蔡瑶铣参加的现代京剧《海港》来说，上海在戏曲改革上也是成功的。

到 20 世纪八九十年代，“海派”戏曲风靡全国，昆曲就有《蔡文姬》、《钗头凤》、《牡丹亭》、《长生殿》等，京剧有《盘丝洞》、《曹操与杨修》、《狸猫换太子》等。这些戏里的演员，就有许多是蔡瑶铣就读上海戏曲学校时的同学。

有时当我守在静静的夜里，月色如黄浦江水一样的宁静，我的心境一片澄明，心底的笛声在胸臆间荡气回肠后渐渐隐去，天地回复了亘远的寂静，同一片月色下的你，梦中可曾有千年笛声响起。

上海这个“码头”真是太独特了。

“这首先是一种精神文化特征。单单靠经济流通，远不能囊括这个文明。”余秋雨把这个现象称为“一个巨大的悖论”。“当你注视它的恶浊，它会腾起耀眼的光亮，当你膜拜它的伟力，它会转过身去让你看一看疮痍斑斑的后墙。”

不管是悖论，还是恶浊，不管是光亮，还是伟力，上海就是上海。

这或许就是上海留给历史永恒的记忆吧。

在这样的氛围里，又好像最适合思想家、文学家、艺术家们的生存和发展。这在许多年以来直至到现在都是这样的。

在上海这出“大戏”里，既有平静的港湾，又有急流险滩；既有农耕文明，又有工业文明；既有独立和自由，又有摩擦和争吵；既可以向左走，又可以向右行；既有悲哀与深重，又有恬静与闲散。

蔡瑶铣就生活在这出“大戏”里，耳濡目染，目睹了从旧中国到新中国，从旧上海到新上海的幕落和幕启。

说来有些奇怪，蔡瑶铣走进昆曲是越剧“开的蒙”。

历史上从事越剧艺术的人都非常自豪地把昆曲称为越剧的“奶娘”。袁雪芬在回忆越剧的改革和发展时曾写道：“越剧的奶娘有两个，一个是话剧，另一个就是昆曲……我在上海‘孤岛’时期看了昆曲的演出，它那载歌载舞的演出形式、丰富的表演手段、细致优美的风格是深深地吸引了我……它是严肃的、精美的艺术，与我们的越剧相比，它更成熟，更丰富，更有表现力。因此，我认为，越剧表演艺术要提高，就有必要向昆曲学习。”

“奶娘”者，母亲也。越剧的兴旺是从上海开始的。

> 我从越剧“女儿”的身上朦胧地感到昆曲“母亲”的“伟大”，虽然那时还分不清什么是越剧，什么是昆曲，真正认识并为之实践一生是以后的事情了。

在看戏的岁月中，蔡瑶铣慢慢长大了，开始懂得美了。

> 每次看完戏回到家里就跟要好的同学模仿戏台上的人物涂脂抹粉，更学会了“咿咿呀呀”不少戏里的唱腔。

不断地听越剧、看越剧的同时，蔡瑶铣还不断地受到西洋音乐的熏染。

> 我的家庭是个大家族，有点像茅盾小说《子夜》和巴金小说《家》、《春》、

《秋》里描述的那样。因为人口多,兴趣爱好就各不相同,但基本分两大类。外婆和奶奶喜欢传统的,经常带我看越剧,我受她们的影响比较大。父亲因早年留过洋,和母亲都喜欢西洋音乐,家里经常放如比才的《卡门》、施特劳斯的圆舞曲等西洋歌剧和音乐的唱片。《卡门》是法国人比才根据梅里美著名小说《卡门》改编创作的一部同名歌剧。这部歌剧的经历很奇特,它的创作是成功的,但是它的首演却是失败的。剧中强烈的节奏让巴黎人难以接受,认为作品不够高雅。演出中观众陆续退场,整个剧场吵吵闹闹,演出只好草草收场。

比才经不起这样的刺激,3 个月后,他去世了。

比才去世以后,《卡门》在维也纳、布鲁塞尔、伦敦和纽约等地不停地上演,获得巨大成功。5 年之后,当它再次登上比才家乡法国巴黎的舞台时,受到的是家乡父老乡亲近乎狂热的欢迎。正像柴可夫斯基在 1880 年所预言的: 10 年以后,《卡门》将成为世界上流行的歌剧。

现在,《卡门》已经成为世界上最受欢迎的作品之一。

在以后我从事昆曲艺术几十年的时间里,我一直梦想昆曲这种被誉为“东方古典歌剧”的艺术,什么时候也能像《卡门》一样成为世界上流行的“歌剧”。

虽然蔡瑶铣当时受到西洋音乐很深的影响,但这个影响最终没能左右她对昆曲的选择。

尽管父母希望我考上海音乐学院附中。当时他们拼命教我弹钢琴、乐理和识谱,以至我后来到上海戏校学昆曲时,乐理和识谱在班上都是最好的。

整个 20 世纪 40 年代末和 50 年代初,“东方巴黎”——上海,就是在这种含混性或多义性的“喜剧性、谐谑成分”的戏剧化“平缓的进程”的生活中,在“真纯的生活内容的某一方面”的“安稳的主体性”中,度过了它的每一个早晨和夜晚。

也许,那个年代,只有“子夜”时分的上海才最真实、最美。

1954 年,我上小学 6 年级,适逢当时华东戏曲研究院昆曲演员训练班招生,当时既不知华东戏曲研究院是什么单位，也不知昆曲到底是什么，但冲着华东戏曲研究院院长袁雪芬的大名，冲着“演员”这两个字，就跟班里要好的另外两位同学一起赶去报名了。报名时家里不知道，后来考试时母亲才知道。那时我才11岁，还是比较天真的。初试什么也没带，证件也没带，都不懂，相片也是后来去照的。初试，老师让唱歌就唱歌，让跳舞就跳舞，糊里糊涂就考完了。初试考完后，我们三人中有一人被刷掉了，我和另一个姓戴的同学被通知参加复试。

复试的项目有模仿动作，还有唱腔表演以及即兴小品等。

“你会唱什么？”老师问。

“会唱越剧。”蔡瑶铣小声地说。

“会越剧，那好，你就清唱一段。”

“唱一段《梁山伯与祝英台》中的《小别重逢》可以吗？”蔡瑶铣胆怯地站在那里看着老师，声音还是那样地小。

“可以。”屋里安静了下来。

“小别重逢梁山伯，那英台又是欢喜又伤悲……”

稚嫩的嗓音，天真的模样，一举手，一投足，还算有些味道。毕竟练了几天，几分钟唱下来，蔡瑶铣还真把老师给“迷”住了。最后做两个小品，其中一个是如果有个疯子在追你，你如何表现。还要问你如果上榜了你是什么感觉，没上榜有什么感觉，等等。老师还把蔡瑶铣的眼角使劲往上提，主要是看看化妆吊眉后的形象，拉拉她的手脚，主要看看筋骨够不够软。

最后，在三人中就只录取了蔡瑶铣一个人。

当时戏校是寒假招的生，我们当时还没放假，考完后我就放假了，糊里糊涂把这事也给忘了，就跑到外婆家玩去了。母亲也没想让我考戏校学戏，当时她正在让我学钢琴，想让我小学毕业去考音乐学院附中。通知下来了，让我去体检，我没去。当时有上千人报名，结果只取60个，老师觉得这么不容易，千挑万选的，竟然还有人被录取了却不去参加体检，所以就到家里来找我。

后来蔡瑶铣知道来的是周传沧老师，周老师是戏校“传”字辈老师中口才最好的。解放前，因生活无着落，曾当过“测字先生”，给人家算命，于是鼓其三寸不烂之舌，跟蔡瑶铣的母亲谈了两个钟点。经周传沧老师做工作,蔡瑶铣的母亲最后说可以试试。

当时这些老师大都流落民间,生活很困难,好一些的在剧团当技导,有的给曲友、有钱人家做票友或当笛师,后来为了招这班学生才把这些老师集中起来,挽救这个剧种。

我还记得当时体检说我扁桃腺很大,还找了个很有经验的老大夫看看是否碍事,因为这个对将来的发声会有影响。那个专家说没有问题,长大发育后会好的,后来果然如此。就这样,我进了华东戏曲研究院昆曲演员训练班学习昆曲表演。

从此,蔡瑶铣再也没有回头。

也许是命运的安排,现在当我回头再看时,已经过去了50年。就像《卡门》的命运一样,《卡门》诞生在它的家乡法国,也失败于它的家乡法国,但后来却红遍世界。再后来,成为法国的骄傲。

2001年5月18日,也是在法国巴黎,联合国把"人类口头及非物质遗产代表作"的称号授给了有"东方古典歌剧"之称的昆曲。这时距离昆曲从盛到衰,过去了近300年。这比《卡门》从败到盛的命运可长多了。

很多时候不是美遗忘了我们,而是我们遗忘了美。

就是这个"再也没回头"让蔡瑶铣付出了50年的人生代价。

时间太长,有时会让人慢慢失去希望,让人感到沮丧,让人无所适从,让人不留任何痕迹地默默地流逝在等待的时间里,就像你根本不存在一样。

人的一生中总会有一些难以释怀的往事镌刻在记忆里,随着时间的流逝,这份记忆可能会淡去,淡到只留下一抹不易觉察的痕迹。但是,在你以为已经忘却时,却在某个月明星稀的夜里,在那么猝不及防的时刻突然敲击着你的心灵。于是,你才明白,原来有些记忆是挥之不去的,它只是被你细细地藏于心灵深处,如影随形般地存在于你的生命之中。

正是这漫长的时间,历久弥新,才更能体现出价值的光芒,让人不能不去追求,甚至付出生命。

"我愿为笛声的飘来而守候千年……"蔡瑶铣说。

第二章 “昆大班”记忆

怀旧是对随风而逝年代的追忆。50年前的上海，红尘纷繁迷人眼；50年前的月亮，含蓄隽永，委婉绵长。隔着光阴的距离，在飘荡的历史里，讲述着昨天真实的故事。

2004年，上海戏曲学校成立50周年，因为蔡瑶铣在台湾讲学，很遗憾未能参加母校50周年庆典活动。在母校8年的学习和生活，对蔡瑶铣成为一名昆曲演

上海戏曲学校华山路1448号旧址

上海戏曲学校复兴中路 597 号旧址

员,对她以后"演戏"和"做人",都有决定性的影响。

1954 年春季,蔡瑶铣进入上海戏曲学校,开始了为期 8 年的学习,当时叫华东戏曲研究院昆剧演员培训班。学校最早的地址在华山路 1448 号,这个门牌号码在以后许多年里,对于凡是当时从这个学校走出来的人来说,都感到非常亲切,非常怀念。不久,华东戏曲研究院又招收了"越剧演员训练班"。1955 年 3 月,在昆剧班和越剧班的基础上,正式建立了上海市戏曲学校。其后陆续设立京剧、沪剧、淮剧、评弹和戏曲音乐等 7 个班。

熙来攘往的车辆、往来穿梭的行人,背景是一片流动着的繁华和喧嚣。

天空有一轮明月,虽然不是很圆,但它就挂在天心,挂在每个人的心中,1448 号见证了新中国培养的第一代昆曲演员成长的历程。

大约在 1958 年左右,上海戏曲学校从华山路 1448 号搬到了上海文化广场(复兴中路 597 号)。解放前,这是"上海法商赛狗会逸园跑狗场"的所在地,简称逸园。上海解放后,逸园清理停业。后来,在原来跑狗场的位置上改建成了上海文化广场,是专门举办大型文艺演出的场所。上海市戏曲学校的五层楼建筑就是利用原法租界的跑狗场所属的那座五层楼改建的,第一批学生就是从这里毕业的。

如今,第一届昆曲班的演员都已经是硕果累累、桃李满天下的艺术家了。

上海市戏曲学校的成立虽晚于北京的中国戏校和北京戏校,但从培养新中国第一代昆曲演员来说,上海戏校是全国第一家。后来,上海戏校先后还有过两次招学昆曲的学生，为和第一届有所区别，圈内人俗称后来的班为昆小班或昆二班，第一届就叫昆大班。不幸的是昆小班在他们接近毕业时遭遇了“文化大革命”。昆大班的学生是在1961年8月毕业的，在昆剧班和京剧班的基础上成立了上海市戏曲学校京昆实验剧团，也就是后来的上海青年京昆剧团。

解放后，培养戏曲人才主要有两条路。一条是办正规的学校，如中国戏曲学校、北京戏曲学校、上海戏曲学校等，有学制、师资、教材、课程等。另一条是“团带班”或“高训班”的方式，即由专业院团自己培养。如1950年，在原华北文工团的基础上成立了北京人民艺术剧院。当时人艺是按照苏联莫斯科国家大剧院规划的，除话剧、歌剧、舞蹈等门类外，也包括戏曲，吸收了一些年轻人和解放前留在北方的昆曲老艺人如韩世昌、白云生、侯永奎、马祥麟、侯玉山等，由他们教这些年轻人，加以培养。1957年，以这部分人员为主成立了北方昆曲剧院，长江以北有了第一家专业昆曲院团。1958年，北昆招收了建院后的第一批学生，以“高训班”的方式自行培养，学员有洪雪飞等。

所以，从新中国成立以后培养昆曲演员的历史看，不管是南方还是北方，这些人都可算是用新式方法培养的“新式戏曲人”。

原中国剧协副主席刘厚生在回忆上海戏校成立时说：“上海戏校的出现，鲜明地体现了党和政府对民族优秀文化如同对自己美丽的女儿般的爱护和重视。因此戏校从一开始，就显示了自己特有的亮色。由政府为历史悠久、艺术高深却又濒临衰亡的昆剧举办正规的学校，这在中国历史上是第一次，在当时全国也是独一无二的。”[1]

确实是这样。戏曲是传统艺术，在培养传人的方式上，历史上它有两个显著的特点：一个是口传心授，就是师傅带徒弟式的，完全靠经验；另一个是私人班社制。解放前培养戏曲演员基本上是靠私人班社。旧中国第一所现代意义上的戏校是“中华戏曲专科学校”，成立于1930年，学校在原北京崇文门外木厂胡同52号。校长是解放后曾任北京人民艺术剧院总导演的焦菊隐先生。1934年由金仲荪接任校长，校址迁至沙滩原椅子胡同。1941年，中华戏曲专科学校解散。中华戏曲专科学校有三点不同于旧科班：一是男女生合校，这在中国戏曲教育史上是第一次；二是不立卖身契约书；三是除学专业外，还要上文化课，以提高学生素质。为使学

[1] 转引自蔡瑶铣、胡明明：《走进牡丹亭》，东方出版社2005年，第28页。

生开阔艺术眼界,还常组织学生观摩话剧等。中华戏曲专科学校教的全是京剧,学制6年,曾先后培养出“德、和、金、玉、永”五科学生。

蔡瑶铣还清楚地记得华山路1448号是一栋三层楼的小洋房,有一个大操场,环境很优美。学校是寄宿制,25个女学生住在二楼一大间宿舍,上下铺。男同学好像是35个人。学校还给他们配备了一个保姆,晚上给盖被子,周六换洗衣服等。伙食是每个月25元,这在1954年就是“大款”水平了。每天8个人一桌,饭菜相当好,冬天还有砂锅。记得有一次砂锅里搁了海带,有人不爱吃,就把海带一条一条地贴挂在锅边儿,第二天就被班主任狠狠地骂了一顿。用的、穿的基本上都免费发放,内衣、牙膏、牙刷和冬天的棉袄、呢裤子、擦脸油等都发,都是供给制。

除学生要求住校外,有些家不在上海的老师也住校,如苏州的沈传芷老师、薛传钢老师等。

俞振飞老师是1957年从香港回来后当校长的,在此之前是周玑璋,是从华东戏曲研究院调过来的。俞振飞来后,周玑璋是常务副校长。

> 周校长腿有点瘸,当时专门给他配了一辆三轮车。他是个教育家,对我们严得不得了。传字辈老师疼我们也疼得不得了,因为之前昆曲除了在杭州有一个很“破”的国风昆剧团之外哪都没有了,老师们不论在生活上还是事业上都有翻身感,觉得昆曲有救了,并且把这种感情就全部放在了我们身上。

戏校师资配备非常齐全,网罗了1921年苏州“昆剧传习所”培养出来的绝大部分“传字辈”老艺人,阵容强大。小生行的老师有沈传芷等,老生行有郑传鉴、倪传钺等,旦行有朱传茗、张传芳、方传芸、王传蕖等,丑行有华传浩、周传沧等,净行有薛传钢、邵传镛等。这些老师们在“传习所”出科以后,曾经红遍大江南北,后来因为战乱及其他环境的因素,都离开了舞台。情况好一点的像郑传鉴就到越剧院帮忙导戏,朱传铭、张传芳以为曲友吹笛、调嗓和教戏为生。际遇不佳的则落魄江湖,像周传沧就是摆卦摊为人测字的,因此练就了好口才。

这些老师们被礼聘到戏校后,虽不是豪华富贵的待遇,但有一席栖身之地,比流落江湖胜过百倍。不只是个人的生活翻身了,昆曲获得了重视,自己所擅长的表演艺术也翻身了,这几重的感受使他们个个全身心投入教学。上课时他们严格要求学生,下课后则与学生打成一片。

郑老师和朱老师也会跑到宿舍来拿我们的一片饼干或几颗糖果，回到办公室去配老酒。夏天，朱老师带头买大雪糕给我们消暑，然后再上课，惹得隔壁教室花旦组的同学也缠着张传芳老师要吃大雪糕。如此8年的相处，我们之间不只是师生的感情，还加上有如父母与子女之间的感情。父母生我们、养我们，这些老师不但照顾我们，更把谋生的本领传给了我们。

这些“昆剧传习所”中的“传字辈”老艺人，对昆曲的继承和发展是功德无量的。清乾隆以后，昆曲尽管已开始衰落，但在苏州却仍然兴盛。乾隆至光绪年间，苏州的集秀班、高天小班、聚福班等都曾经名闻一时。到清末民初，则每况愈下，仅存全福班（因为专演文戏，又称文全福）和四六班（四成武戏，六成文戏）以及一部分业余爱好者所办的曲社。曲社中的成员，则称之为曲友。他们虽是外行，但对于昆曲事业的发展却举足轻重。“昆剧传习所”就是一部分曲友因眼见身怀绝艺的老艺人逐渐凋零，昆曲濒临失传的边缘，在词曲大家吴梅和俞粟庐（俞振飞之父）的影响下，由穆藕初和他的曲友张紫东、徐凌云、徐镜清、贝晋眉等人创办的。1920年，穆藕初还捐资在杭州西湖北高峰腰际韬光寺侧，建了一所专供避暑、拍曲用的别墅，以“江南曲圣”俞粟庐的别号“韬庵”命名。建成后，穆藕初邀集俞粟庐及其子俞振飞和诸多曲友如沈月泉等登山雅集，在“韬庵”拍曲之余，探讨昆曲面临的形势，思考昆曲的发展。“韬庵”是一个很值得纪念的特殊场所。

后来，为了要对外演出，穆藕初请王慕吉为每个学生题了艺名，一律以“传”字排行，意思是昆曲由这一代人流传下去。传字下面的一个字，照应不同行当，用“玉、草、金、水”四个字旁题名。唱小生行的都是斜玉旁（即王字旁），取玉树临风之义，如周传瑛、赵传珺、顾传玠等。唱旦行的都是用草字头，取美人香草之义，如朱传茗、沈传芷（原习小生）、张传芳、方传芸、王传蕖等。老生、净行用金字旁，意在“黄钟大吕，得音响之正；铁板铜琶，得声情之激越”，如倪传钺、郑传鉴、薛传钢等。其余丑、副行名用水字旁，以示“口若悬河”之义，如华传浩、王传淞、周传沧、顾传澜等。

当时也有人提出是否给“昆大班”的学生起艺名，后来校长俞振飞说，艺名是老戏班的传统，他们是新中国教育培养出来的，就不用换名字了。于是“昆大班”的学生没有艺名，仍用自己原来的名字。

“昆大班”是“传字辈”在解放后培养出来的第一批学生。后来江苏省昆剧院

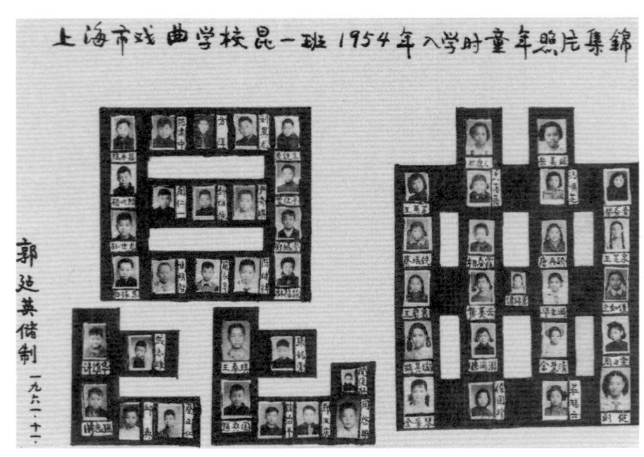

“昆大班”入学时照片(1954)

和浙江省昆剧院相继成立,他们以“团带班”的方式各自培养了一批学生。因为也请了“传字辈”老师教学,为了表示世代传承下去的意思,江苏省昆剧院培养出来的学生都改了名字,称为“继字辈”,如张继青、柳继雁、董继浩等;浙江省昆剧院培养出来的学生称“世字辈”,如朱世藕、汪世瑜、龚世葵、沈世华等。

在南方,这些没改名字的“昆大班”学生和改了名字的“继字辈”、“世字辈”学生成为新中国培养的第一代昆曲演员。

其他老师也非常好。教导科主任郭建英和行政科主任李文轩都能帮忙带学生练功。郭主任还把52个男女学生报名的照片拼排成“昆曲”两个字,这在昆曲界是很有名的一张图片。编研组的老师汪一鹣,是一位非常秀气的女士,为了迎接这些新来的学生生,竟赤脚在草地上帮忙除草。许多老师都住在学校里,每天就带着这批十一二岁的小毛头拍曲、练功。

学生进校第一年不分行当,先练基本功,其中有毯子功:压腿、踢腿、拿顶、下腰等,都先从腿和腰开始。带毯子功课的是王占堂和黄明钊等老师。把子功是在教室外边的草坪上练,是沈枫老师教,他本身是唱武旦的。

学校的文化课主要学古典文学,老师是龚野鹤。

> 记得他教我们读白居易的《长恨歌》,男同学们比较调皮捣蛋,不肯好好听讲,竟惹得老师泪洒课堂。他告诫我们,学好古典文学名著,对将来成为一名合格的昆曲演员是非常重要的。

学生们的第一个基础戏是《长生殿·定情赐盒》。

听“传字辈”老师说，他们的开蒙戏也是这出戏。戏里有很多群唱，因为昆曲拍曲是一定要先拍同唱曲，就是合唱的曲子。这折戏有很多合唱的曲子，大家都学唐明皇、杨贵妃，一对对配好，先学这个戏，不分行当，杨贵妃是偏重闺门旦这个行当。后来又学了《浣纱记·打围》，这也是大家一起学的，里面有个艄婆是花旦行当的，大家都学。分行当是在学了这两个戏以后，通过这两个戏，谁适合演什么行当，老师也大概有个初步印象。后来闺门旦组又细分正旦等，分得更细了。

一年后，蔡瑶铣被分到闺门旦组，跟着朱传茗老师，继续学像《雷峰塔·水斗、断桥》等戏。这都是唱曲较多的戏，老师也可以借此进一步观察各个学生的特长，做深一层的培养。

在闺门旦组里，我不是最开窍的。张洵澎当时非常机灵，是最拔尖儿的，比我们都开窍早，那时演《游园惊梦》演得很棒。其实人物、内心、情感等不一定懂，因为年龄很小，老师讲了我们也不理解，但她演得很有味道。第一次演《游园惊梦》就把上海的李玉茹、童芷苓等给镇住了。开始时张洵澎、华文漪都比我开窍，但我学唱曲子很开窍。

朱传茗老师总说我舌头嘴皮子很灵活，咬字很清楚。朱老师是夸张式的教学，为了教我们正确的眼神，有时会跳到椅子上，指着一个定点，叫我们：“看这里——”为了强调咬字的力度，也会指着自己的嘴以过度用力的方式示范给我们看。虽然朱老师的教学方式是夸张的，但他的表演风格是大方、细腻、含蓄的。

我的个性比较内向，可是我非常喜欢唱曲，比学身段的兴趣要高，朱老师很注意学生们的发展，又把我送到王传蕖老师班上学《认子》、《剪发卖发》和《痴梦》等一类的正旦戏，还让我跟随方传芸老师学刀马旦的戏。

方传芸老师教的刀马旦戏有《青冢记·出塞》、《雷峰塔·盗草》、《花木兰》、《红线盗盒》等，有些戏我学过但没有演出，可是对我日后的表演仍然大有帮助。方老师自己学的是刀马旦，但武生戏也能动，还能“捏”戏。现在我们常看到的《挡马》就是他和汪传钤老师创排出来的，后来其他的剧种也把这出戏移植过去了。《花木兰》与《红线盗盒》也是他创排的。方老师同时在当时的上海戏剧学院任教，是“传字辈”老师中资历比较高的。

蔡瑶铣打响的第一出戏《昭君出塞》就是方老师教的。《昭君出塞》经过方老师整理，行当上在闺门旦中融进了些刀马旦的东西，音乐上把昆曲曲牌和吹腔做了适当的融合。第一场穿蟒坐车辇，摆的是气势和排场，到胡地以后改为骑马，跟御弟王龙和马夫三人的舞蹈表演很能吸引观众。1962 年深秋，蔡瑶铣和刘异龙、张铭荣在苏州举办的两省一市昆曲汇演中演出此剧，效果很好，得到好评。当时张洵澎和华文漪都已崭露头角，观众看到上海又出了一个旦角，还开玩笑地说上海暗藏了一个“炮弹”。

蔡瑶铣在学校除了跟三位老师学戏以外，还跟过许伯遒老师拍曲。许老师是俞振飞先生的笛师，他的哥哥许姬传是梅兰芳先生的秘书。许老师笛风味厚，他放弃在银行的工作，来学校教笛子，俞振飞和梅兰芳的昆曲戏都是许老师吹的。他还带出了非常优秀的学生，如上昆的顾兆琪和北昆的徐达君等。

因蔡瑶铣小时候曾学过钢琴，识谱能力强，乐感好，咬字发音准确清楚，记忆力也好，所以背曲很快。

通常先生把曲子拍完我就会背了。一些教材中没有的戏，只要听老师说这个戏曲子好听，就自己用手抄下来，找许伯遒老师拍曲，如《刺虎》、《折柳阳关》等戏。我在学唱上比其他同学都好，最拔尖儿，学得最快，唱得好。那时是简谱、工尺谱、五线谱都学。工尺谱对学昆曲很重要，因为老剧本都是用工尺记谱。

学校的各科功课像毯子功、把子功、戏课、文化课，每星期都要考试。因为当初进戏校时有人小学毕业了，有人小学还没毕业，像蔡瑶铣就是小学差半年还没毕业，所以进校后先把 6 年级的功课学一遍。当时蔡瑶铣和华文漪等几个人最怕上数学课，最害怕数学老师，作业老交不出来，这方面倒是岳美缇和王君蕙比较聪明。蔡瑶铣的文学、历史、地理等课都不错。

学校周六下午还有化妆课，由言慧珠老师的化妆师傅王明禄为他们上课。

上海市戏曲学校第一届昆曲班全体合影(1954)

在上了几年昆曲课后,学校还安排让大家和京剧班的学生交换学习,昆乱不挡,可以让学生对戏曲有更多的了解。

我跟梅派弟子杨畹农先生学过不少梅派戏,像《女起解》、《三堂会审》、《宇宙锋》、《生死恨》等。杨畹农先生被称为四川的“梅兰芳”。梅派戏雍容大方,对我的表演及气质的熏陶都起到一定的作用,也对我后来演京剧《海港》打下了基础。

学习期间,学校随时会安排这些学生参加各种艺术观摩,给蔡瑶铣印象最深的是1954年9月25日到11月6日华东五省一市(江苏、浙江、山东、安徽、福建、上海)在上海举行的戏曲观摩演出大会,35个剧种共150多个剧目参加了演出。这些“昆大班”的学生入校不久,就赶上了这个观摩的好机会,看了许多戏,许多有名的演员,有些剧种都是生平第一次看到。

蔡瑶铣清楚地记得,每次进剧场首先看到的就是毛主席“百花齐放,推陈出新”的题词。

说到毛主席“百花齐放,推陈出新”的题词,就要提到马少波。在我后来的艺术生涯中,马老对我帮助非常大。

马少波是新中国成立后,进行戏曲改革和建立戏曲研究机构的首倡者之一,也是直接参与中国戏曲研究院的筹备、建立全过程的亲历者。1949 年 6 月上旬,马少波在济南接到了参加第一次全国文艺工作者代表大会的通知,于是随华东代表团于 6 月 23 日到了北京。6 月 26 日,周恩来即召集各解放区从事旧剧改革的部分党员领导干部到中南海西花厅座谈。周扬、田汉和阳翰笙等也都在座。就在这次会上,马少波正式提出建议:一、中央成立戏曲改革的领导机构和研究、实验机构,制定具体政策,开展全国范围的戏曲改革运动。二、希望周副主席在第一次全国文代会的报告中设专章阐述党对旧文艺的方针和政策。马少波的重要建议受到了周恩来和全体与会者的赞同。马少波提出建议仅仅 3 天后,即 6 月 29 日晚,周恩来又派专车将周扬、田汉和马少波接到了中南海。这一次,是毛泽东本人亲自听取了他们的意见。对于有关建议,毛泽东表示了首肯,同时告诉他们等待中央的决定。对于已经从事了一段时间解放区旧剧改造工作的马少波来说,他对党中央在旧文艺改革方面的政策是十分熟悉的,而对于毛泽东关于清理古代文化应剔除其封建性糟粕,吸收其民主性精华的论述,马少波觉得在实践工作中有进一步明确的必要。于是,他趁此机会当面向毛泽东提问请教。

马少波问:“您在 1942 年为延安平剧院成立的题词‘推陈出新’,后来成为各解放区戏曲改革的指导方针。对‘出新’,大家的理解比较一致;而对于‘推陈’,至今还存在不同的理解。有的同志认为是要把旧剧目推开、推掉、推翻,要‘以新代旧’,我认为不能这样理解,不知对不对?”

毛泽东回答说:“陈者旧也,过去的事物都叫旧,也就是所谓传统。传统有精华,也有糟粕,所以要改革。‘推’字可以作推开、推掉、推翻解释,也可以解释成推崇、推动、推进嘛。对于旧的传统剧目要具体分析,其中民主性的精华要推崇、推动、推进;封建性的糟粕要推开、推掉、推翻,这就对了。”接着,毛泽东进一步对马少波说:“你的看法是对的,可以按你的理解写文章。”

1951 年 4 月 3 日,中国戏曲研究院正式成立。梅兰芳为院长,程砚秋、马少波等为副院长,马少波兼任中国戏曲研究院党总支书记。成立大会在鲜鱼口大众剧场隆重举行,大会上,宣读了毛泽东、周恩来为庆祝中国戏曲研究院成立的题词。

毛泽东的题词是“百花齐放，推陈出新”；周恩来的题词是“重视与改造，团结与教育，二者均不可缺一”。从此“百花齐放，推陈出新”成为包括戏曲在内的所有文艺工作的指导方针之一。

那次汇演真正体现了“百花齐放，推陈出新”的文艺政策，让人大开眼界。也可以说，我们这届上海戏校昆班的学员是比较早地感受到了新中国戏曲舞台上“百花齐放，推陈出新”这样一个崭新局面的。

看汇演都是集体去看，我记得当时是四人坐一辆三轮车，一共十五辆。从1448号出来，在街上浩浩荡荡的，往剧场进发。有时看了下午场还要再接着看晚场，晚饭是学校用黄包车把包子运到剧场给我们吃。如袁雪芬、周信芳、严凤英、李玉茹、丁是娥、朗咸芬等各剧种著名演员的表演都深印入我的脑海，这对我日后的表演是很有帮助的。

“昆大班”女学生们不论是闺门旦、正旦组，还是贴旦、刀马旦组，都是好几个学生一起学一出戏，学完之后都要汇报演出。即使像方传芸老师对蔡瑶铣重点培养，其他的同学也通通要学会，做了汇报演出才算完成。正式演出时，也是大家轮流演，譬如《白兔记》中的《出猎回猎》。

第一次的学习公演是在长江剧场，解放前叫卡尔登，当时是在上海很大的剧场，在南京路那条马路上，旁边是大光明影院，那是最热闹的地方。当时演了三台戏，我演《出猎回猎》中的李三娘，张洵澎演《游园惊梦》等，当时一下在上海打响了，一共排了三天的戏码，没想到很受大家的欢迎，三天都客满。校长周玑璋腿部有疾，平时我们都很怕他，看到上座这么好，只见他直以拐杖顿地还顿脚，笑得合不拢嘴，操着浓重的山东乡音说：“客满！客满！”张洵澎的《游园惊梦》一鸣惊人，我和郑亚庆的《出猎回猎》，我都不知道是怎么演完的。李三娘被兄嫂虐待，每天到井边挑水，不想碰到出来打猎的咬脐郎。一根扁担加上两个水桶，弄得我有些手忙脚乱，倒是郑亚庆演的咬脐郎很出色。散戏后吃夜宵，学校支付每人五毛钱，老师们则自掏腰包，给我们加到一块两毛钱，出后大家吃得不亦乐乎。

在演《出猎回猎》中，有时蔡瑶铣演李三娘；有时岳美缇演李三娘，蔡瑶铣则演岳氏夫人。

岳美缇原先在旦角组，后来由俞振飞老师建议改学女小生。岳美缇因为已经学了将近4年的旦角，改行要重新来，起初很不能接受，但是俞老承诺，一定负责把她培养出来。1960年，学校也曾动员蔡瑶铣改学女小生，蔡瑶铣想已接近毕业的关口，改行似乎有点晚了，因此没有答应，学校也就作罢了。

后来事实证明，岳美缇的改行是非常成功的。

岳美缇1994年写了一本书，书名叫作《我——一个孤单的女小生》[1]。书写得很有感情，其中详细记述了她改唱女小生的艰辛经过。

> 如果当时我也改唱女小生，恐怕现在的我们上海戏校出来的学生里就有两个女小生了，岳美缇也就不孤单了。俞老很有眼光，岳美缇也非常争气，这个“孤单”的女小生现在是红遍海内外，真希望有更多的青年演员能接她的班，使我的师姐早日不再“孤单”。

（右起）岳美缇、蔡瑶铣、张继青、尹继芳、洪雪飞在苏州合影（1982）

[1] 文汇出版社1994年1月出版。

在上海戏校学习的8年间，蔡瑶铣和她的同学们是快乐的，虽然外边时时有各种所谓的“运动”，有些也影响到学校，但基本上都没有影响正常的教学，没有影响他们这些青年人的学习。戏校后来又招了越剧班、京剧班、沪剧班、淮剧班、评弹班、音乐班、舞美班等，学生年纪比他们大一点。不过，“昆大班”还是最得宠的。

事实证明，“昆大班”的学生成材率非常高，如蔡正仁、计镇华、华文漪、张洵澎、岳美缇、蔡瑶铣、刘异龙、王芝泉、梁谷音等早已是昆曲界“如雷贯耳”的人物了，这得益于有那样一个良好的学习环境，得益于忘我耕耘的“传字辈”老师和一些懂昆曲、有良知的老领导。

> 我们在学校时，上海市委宣传部长是石西民，这个老领导非常好，经常到我们学校来，一看到一辆黑车，就知道石部长来了。他总是夏天一件白衬衣，黑裤子，一双黑布鞋，拿个芭蕉扇，非常亲近。对我们这个学校他是有很大功劳的，三年自然灾害时我们也没受什么影响，吃得最差的就是白薯，每天还有肉罐头，当时市委是保证我们学校这些东西的。后来他到北京，我在北京演出《牡丹亭》，他还来看戏，还给我写了一首诗：“清歌一阕颂青春，九死钟情梦里人。愿倩名优描伟业，而今豪杰正扬尘。”

蔡瑶铣的开蒙老师是著名的传字辈艺术家朱传茗老师。在朱老师的师兄弟中，与之过从最密、友情最厚者便是郑传鉴老师。他俩除手足情分之外，还有一层杯中酒缘。闲来无事或是工作间隙，两位“酒友”总是凭桌对举，把盏盘桓，其情甚笃。佐酒破题就是艺术，聊得最起劲的便是如何研磨耳熟能详的骨子老戏。

> 如今想起两位水磨调传人，水酒磨戏，甚是别有韵味！

有时生活过于寡淡，老师们就笑眯眯地跑到学生宿舍来“借”个苹果、橘子或几颗五香花生米——那段校园时光，先生斟酌推敲，学生谈吐嬉笑，酒酣耳热时就地使上几个身段，更引得大家兴味盎然。天长日久，濡染深矣。

郑传鉴老师还曾将《惊梦》中花神的舞蹈变幻一段歌颂总路线的群舞。舞者手持花灯，舞到最后，将灯板翻下，拉出卷在灯内的长标语条，组成优美的画面，引起满堂彩声。这种与时代合拍的效果起到了很好的宣传作用。郑老师善于思考亦由此可见一斑。

如今"传字辈"老师相继作古,他们这些当年的学生比老师们当年的年龄都大得多。光阴荏苒,物是人非。现在的上海戏校已经有了新的校址,在莲花路211号,条件比老校好多了。2002年,正式改名为上海戏剧学院附属上海戏曲学校。

"1448号"的记忆和精神永远留存。

> 我永远怀念我的母校,永远怀念我的老师。正是有了母校,有了老师,才有我们的今天,才有了昆曲的今天。

2004年6月,见证了"昆大班"成长过程的著名戏剧家刘厚生先生在上海戏校成立50周年之际,专门发表了一篇文章,叫《敬礼!当年"昆大班"的同学们——为上海戏校50周年作》[1]。他在文章中说:

> 华东戏曲研究院昆曲演员训练班1954年招收的第一班(后来习称昆大班)60个学生……这些十一二岁的调皮小鬼对昆剧两眼一抹黑,全不懂得戏,更不认识给他们演出的是昆剧名家朱传茗、张传芳和沈传芷……
>
> 然而不过8年,当他们1961年从上海市戏曲学校昆剧班毕业时,这群娃娃就都已如龙似虎,如花似玉,卓然成长为昆剧的一代新人。他们之中,涌现出蔡正仁、计镇华、张铭荣、方洋、刘异龙、顾兆琪、顾兆琳、华文漪、梁谷音、岳美缇、张洵澎、王芝泉、王君惠、蔡瑶铣等一批响当当的人才。

作为戏剧界前辈,厚生老还向他们这些人提出了希望:

> 我热切地期待,无论是退休的、在岗的,国内的、海外的,一方面应力争继续在舞台上、在戏校中、在曲社里以及社会各种场合活跃奔走;另一方面,要充分运用你们宝贵的艺术经验和相当高的文化教养,著文写书。新中国50多年来的昆剧史经验丰富,教训很多,今天是必须总结的时候,而你们是最恰当的承担者。

---

[1] 刊于《中国戏剧》2004年第7期。

文章的最后，厚生老引用了俞老的一首词：

> 让我们记住俞老1982年题赠上海昆剧团也就是你们的一首《减字木兰花》："行云回雪，几度沧桑歌未歇。大好河山，碧管红牙海宇宽。　盛时新响，应喜后来居我上。老健还加，愿作春泥更护花。"

厚生老在解放前和解放后长期在上海工作，非常了解上海解放前后的戏剧工作情况，后来离开上海任中国戏剧家协会副主席。他的这篇文章写于2004年，而在1959年，厚生老还写过一篇文章，叫《新上海演员赞》[1]。这篇文章是为建国10周年而作，文章中提到"上海戏剧队伍中，青年占了很大比重……青年人都是具有良好风气的集体主义者。都是品德优良、刻苦用功、尊师爱友、力求又红又专的毛主席的好青年"。文章末尾，厚生老展望道："再来一个十年，在党的坚强的领导下，我们这些像金子似的戏剧青年、戏剧工作者、戏剧大师们，还会为我们光荣的祖国创造出何等神奇美妙的艺术精品来呀。"

几十年后，蔡瑶铣重回母校，母校已经发生了很大的变化。弹指一挥间，老师已经作古。洗尽铅华，当时的青年人也已经进入了老年。

蔡瑶铣静默地站在俞老的铜像前，面对已故去的俞老，面对那些已经化作"春泥"的老师们，看着现在校园里如50年前的她一般大的学生们，蔡瑶铣眼睛湿润了。

过往的情景如明月拂开透明的薄纱，眼光所掠，银光水泻。轻轻地，揭开那飘一生的思绪，加上追一生的记忆；慢慢地，追寻着舍不去的情缘，重迸永不衰的激情。

卧看流云，淡语清风，唱吟繁花，花香正浓。

[1] 刊于《戏剧报》1959年第19期。

第三章 “大师”记忆

昆曲因大师而美丽。清丽、典雅，飘逸、灵动，匠心独具，摇曳多姿。闭上眼，回忆和大师一起度过的时光，感受他们的气息，想着他们的脸、眼睛和笑容。常常想，也许在一个万籁俱寂的夜，也许在一个阳光明媚的晨，会把许多心底的系念，向他们倾诉。

戏曲需要大师。

在上海戏校8年学习期间，蔡瑶铣有幸接触过京昆大师俞振飞和京剧大师梅兰芳。能和大师一起演出，近距离感受他们的风姿，对一个刚入道的青年演员来说是难得的机遇。这两位大师是中国近现代戏曲的顶级人物。能亲眼看到他们的曼妙风姿，能耳闻目睹他们在舞台上的表演，亲身感受到大师的指点，对新中国培养的第一代昆曲演员来说更是幸运的。

1957年5月，上海戏校校长由俞振飞担任，言慧珠担任副校长。

我没有上过俞老的小课，只听过他的几次大课。俞、言二位老师经常有演出，这是我们观摩的最好对象，因为传字辈老师多已不上台，尤其是朱传茗老师，从担任我们的主教老师之后，就绝迹舞台。我们学完以后，再看看俞、言二位的表演，就知道一出戏演出来该是什么样子了。我们也经常为两位校长跑跑宫女，当当花神，在舞台上，看得更仔细，既能演出又能学习，何乐不为？所以我们都是以积极、愉快的心情去跑龙套。因为演出卖力，舞台上整体的效果就更好了。

昆曲《长生殿》中有很多折子戏都有宫女的活儿，像《惊变》、《埋玉》、《哭像》等，还有《太白醉写》。每当这时，“昆大班”中几位身材较高大的女同学必定扮演宫女，如蔡瑶铣、杨春霞、华文漪、张洵澎等。

每次我和春霞永远都是掌扇的那一对。

在舞台上看俞老演戏有如上拍曲课，多年的宫女当下来，《哭像》的曲子蔡瑶铣也会唱了。

《太白醉写》则是俞老的一绝，他那醉态可掬的样子，我们在台上都忍不住掩口而笑。一首[大红袍]的曲子，让我们载歌载舞，特别来劲儿。有一次一位同学把左右脚弄反了，一个卧鱼下去，仰身而倒，正在吹笛的朱传茗老师又惊又急，从椅子上猛地站起来，眼睛瞪得好大，可也没办法。

蔡瑶铣与俞振飞大师合影(1982)

俞老和有些旧社会过来的演员不同，他不是旧科班出来的，而是自学成才的"学者型"演员。所以他身上少了旧艺人的很多"讲究"，却洋溢着浓浓的"书卷气"。给京剧，尤其是昆曲吹进了缕缕新风。

俞老扮演过许多"有书卷气"的角色，如《游园惊梦》中的柳梦梅、《贩马记》中的赵宠、《金玉奴》中的莫稽、《玉堂春》中的王金龙，还有《临江会》、《群英会》中的周瑜等。在昆曲中，在京剧中，俞老多扮演的是"小生"、"官生"、"雉尾生"和"鞋皮生（穷生）"，他所扮演的角色多是念过"四书五经"，背得出几句"诗云"、"子曰"的角色。

非常值得一提的是，俞老的大冠生演得是空前绝后。大冠生是昆曲里一个特有的行当，京剧没有。俞老演来，"帝王气"和"诗仙气"十足。如《长生殿》里的唐明皇和《太白醉写》里的李白，俞老的大弟子蔡正仁先生在这个方面得到了俞老的真传。

俞老的"书卷气"得益于"家学渊源"。据俞老本人回忆，他在 3 岁时丧母，从此他的父亲俞粟庐就"又做老子又做娘"，一直把他带在身边。晚上睡觉，因俞老常常想母亲，有时在梦中也会哭醒。父亲就在身边一边拍着他，一边为他唱"催眠曲"。这"催眠曲"就是汤显祖的名作"临川四梦"中《邯郸记》里的一段[红绣鞋]。说也奇怪，只要他父亲一唱[红绣鞋]，俞老就不哭了。所谓"耳熟能详"，俞老慢慢地也就会唱了。所以，《邯郸记》是俞老学唱的第一出昆曲，也是父亲教他读的第一本书，那时俞老还不识字。以后，人们问起俞老：第一个为你开蒙的是哪一位啊？俞老总是笑着回答：第一个开蒙教我读书的，是我的父亲粟庐先生。

俞老的父亲先是教他读"四书五经"，教到 9 岁时，差不多"四书"已经读完了，父亲就把俞老送到苏州拙政园旁边一个姓张的人家去"附读"。这张姓人家是个大地主，雄有资财，而又附庸风雅，因此请了俞粟庐去做"清客"，帮着鉴定书画，写点文字。张家请了当地有名的吴润之塾师来家教馆，俞粟庐就带着俞老来张家附读。

"这位吴老师对我大有帮助。"俞老回忆起当年情景，始终还十分感激老师的教诲，他说："吴老师的教书方法很特别。记得第一次见到他，他就问我读过点什么书，我回答说已经读过《论语》、《孟子》、《大学》、《中庸》等，他马上摇头，说要全部放弃，从头来。"从此，吴润之先生就用他自己的教授法来教学生。俞振飞记得，老师每天教他四个方块字，这四个字是"平"、"上"、"去"、"入"四声，一边教，一边念。这样经过了两年，俞老就懂得了“四声”。俞老说：“这对我以后唱戏、做诗，都大有好处。因为，不论你唱京戏还是唱昆曲，都讲究发音吐字，懂了平、上、去、入，就很有帮助。相比之下，如今的青年演员们却缺乏这种学习机会了。”俞老能够写诗、填词、作曲，也还得归功于父亲俞粟庐。父亲不教俞振飞读《三字经》、《千字文》，却从钟嵘的《诗品》入手，又教他读《古诗十九首》、《唐诗三百首》。这样，他十几岁时就学会做诗了。俞老说：“这大概就是俗话说的‘熟读唐诗三百首，不会做诗也会诌’吧！”父亲喜欢读书，家中藏书颇丰。俞老从小就喜欢钻到父亲的“四壁图书”的书房里去，拿到什么书就看什么书。先看经、史、子、集，这些书看完了，就看医书，医书看完，就看各种“杂书”、“闲书”，同时，他还看了许多昆曲典籍，如《度曲须知》、《乐府传声》和李笠翁《十种曲》等，有的还看过不止一遍。

有了这些学问的功底，俞老在台上台下都是温文儒雅，说话慢条斯理的。

有一天上课前，大家都不知道校长已经来了，去教室必经校长室，刘异龙一路走一路学着俞老的声音，一会儿听后面传来一个斯斯文文的声音：“这是谁在学我？学得倒蛮像的。”

俞老和梅兰芳在北京拍《游园惊梦》的电影，以及俞老和言慧珠在长春拍《墙头马上》的电影，蔡瑶铣都是跟着去的，不但看到俞老舞台上的表演，也看到他台下为人处世的风范。

1983年，香港曲友顾铁华先生第一次来北京和我拍摄《玉簪记·琴挑》，顾先生是俞门弟子，俞老为此还特别写了一封信给我。

上海戏校学习期间，俞振飞和言慧珠两位校长无疑给“昆大班”学员们留下了极为深刻的印象。

蔡瑶铣在长春参加电影《墙头马上》拍摄时留影（1963）

俞老跟言慧珠在舞台上真是一对璧人，男的儒雅俊秀，女的娇媚动人。俞老自幼学习昆曲，功力自不在话下。言慧珠是1957年到上海戏校的，原来在上海京剧院，解放前在上海就是有名的演员了。在“大鸣大放”中，因言慧珠说了一句“我在上海京剧院都快发霉了”，差点打成右派。后来，被有关领导保了下来，就到上海戏校任副校长。到戏校后，言慧珠开始从演京剧转向昆曲，学习态度仍一丝不苟，四十岁的人和我们一样照样每天拍曲、吊嗓、练功，坚持不断。她跟我们差不多是同步学习昆曲的，但她已是成熟的知名演员了，演起戏来自然比我们深入像样，对我们来说，这就是活的范本。

因而言慧珠校长更给蔡瑶铣这些女学员留下的印象更深。

言慧珠对艺术极为执著，在演出的方方面面也很讲究。演出《墙头马上》，她自己去苏州挑料子、配丝线做行头。在现代剧中为演好乡下大娘，还特地到市场上去找蜡染布。我记得她演《南柯记·瑶台》时，一身蓝色的软靠，胸口一个护心镜，美极了。1964年“四清”运动时，我是跟言慧珠一起下乡的，住在一个屋子里有半年的时间。在长春拍《墙头马上》影片时，也有半年时间跟她住在一起，她跟我说过不少事情，她说自己的脾气不好，但有时实在控制不住。从她的立场替她想想，有时言慧珠也很无奈。1959年她在天津演出《墙头马上》，突然停电，惹得她当场大发脾气，对于爱演戏的人来说，演出中途被打断是很不愉快的事，也难怪她要发脾气。

就像鲁迅、郭沫若、田汉、徐志摩等这些大家，在他们的“恋恋红尘”中，情感的纠葛和起落，有时往往会带来文学艺术创作的收获，这可能是艺术创作的规律之一吧，很难用一种或传统或现代的道德观念去评判，就像你很难用习惯的道德观念去评判艺术舞台上表现的各类情感谁好谁坏一样。

言慧珠对一些政治运动其实还是积极响应的，是想尽办法去适应的，只是有时她把事情想得很简单，在处理时难免不够周全。“文革”初起，平时照顾她的人，自身处境也困难，使她觉得前途暗淡，世态炎凉，因此选择了自我结束的方式，实属非常的不幸。虽然后来有人说，俞振飞和言慧珠的结合是不幸的，是“勉强的结合”，甚至是错误的。其实，许多我们熟悉的艺术家、文学家、诗人等在他们个人的情感过程中，很少有“从一而终”的。

从我和他们两位多年的接触看，俞、言在艺术上的结合是相配的，甚至是完美的。言慧珠京剧师从梅（梅兰芳），昆曲师从俞（俞振飞），在她的身上，俞（派）和梅（派）结合就像雨中的梅花，那样鲜亮，那样娇美，是我们许多后人无法企及的。至于情感上，这很复杂，有客观的因素，也有主观的因素。言慧珠是“大小姐”出身，三四十年代就是上海有名的演员了，无法适应建国后的一些观念和思想，更无法适应“风起云涌”的政治运动，最终选择这条路恐怕也是种无言的反抗和解脱吧。可惜的是，1966 年 9 月 11 日，她永远地离开了我们，去世时才 40 多岁，正是艺术上最好的时候。我很怀念她。

上海三四十年代，确实出了几个才女式的人物，像张爱玲、陆小曼等，于是有人说上海是“张爱玲的上海”，是“陆小曼的上海”，既浪漫又传统，既洒脱又哀愁。可是，我觉得言慧珠更像上海，精致、个性、张扬，正面是光彩夺目，背后是淡淡忧愁。当忧愁转化为抗争，悲剧就在所难免了。

戏如人生，人生如戏。确实，言慧珠就是这样一个光彩与不幸集一身的“性情中人”。

说到俞振飞、言慧珠，就不能不提梅兰芳，就不能不提 1960 年 12 月“昆大班”这些学生随俞、言两位老师和梅先生在北京拍《游园惊梦》电影的故事。

那是 1959 年，为迎接建国十周年的庆典，我们跟随俞老进京演出，那也是我第一次到北京。由于言慧珠是蒙族人，所以我们先到内蒙演出，然后到北京。这是我们第一次出远门，大家都很兴奋，结果在内蒙时的第一次午宴大家就喝醉了，一个个东倒西歪的，可把老师们气坏了。但是到了北京，我们的表现却是亮眼的，学校还帮我们做了制服，一个个精神饱满，连梅兰芳先生都夸赞不已。与北昆当时才训练两年的小学员相比，我们经过五年的训练，毕竟成熟些。我们打响了自己的名声，也看到了梅先生一生中最后一个创作《穆桂英挂帅》和关肃霜的《破洪州》，还有上海越剧院的《红楼梦》，真是让我们开了眼界。当我们看到关肃霜一个圆场跑下来靠旗能纹丝不动，把大家都镇住了。这次进京演出的戏是俞老和言慧珠合演的《墙头马上》，还有场折子戏，在人大会堂小礼堂，华传浩老师带我演的《芦林》，最后是俞老的《迎哭》，周总理去看了那台戏。

梅兰芳和俞老的《游园惊梦》在北京民族宫礼堂演出一场后，北影就决定把它拍成电影。电影《游园惊梦》由梅兰芳演杜丽娘，俞振飞演柳梦梅，言慧珠演春香，崔嵬任艺术指导，许柯任导演，华传浩饰杜母，朱传茗、方传芸、郑传鉴为艺术顾问。电影中的花神演员由上海戏校的女同学担任，一共出了20个花神，连老旦组的同学都上去了。

由于在摄影棚内拍摄，与舞台上的调度有时不一样，需要做些改变，我和杨春霞被选为替梅先生和言校长走位。在这段时间里，我深深感受到梅先生的戏品与人品。梅先生为人谦和，他来拍戏时，总有四五个人跟着他，他会随时询问这些人的意见。我们走位时，也会做些身段，有一次梅先生看到我和杨春霞的一个身段很好看，就决定照我们的身段来做。

许姬传先生是梅先生的秘书，每次必定跟随梅先生到片场，对我们也是殷殷指导，他教我们多观察、多记忆，他说“有些东西现在也许不理解，将来会明白的”。

昆剧电影《游园惊梦》拍摄现场，梅兰芳饰杜丽娘，俞振飞饰柳梦梅

花神部分拍好之后，戏校大部分同学就先回上海了，留下蔡瑶铣和杨春霞继续跟着三位老师工作。有一天下大雪，工作人员为梅先生着想，让他先拍完了好回家休息，梅先生卸了妆看到蔡瑶铣和杨春霞还在拍摄，就等在那里。有人见了就去问他怎么还不回家，他说他有车，要等蔡瑶铣和杨春霞工作结束后送她们回住处。结果是工作人员向他保证一定把我们送回住处，梅先生才离开。

我和春霞只是傻傻地站在那里，有人说："还不谢谢梅先生，怎么连个谢字都不会说呀?"这时我们才清醒过来，可梅先生已经走了。

另有一次北影临时停电，我和春霞坐在黑乎乎的化装间，不知道该怎么办。梅先生见了，就把我跟春霞带到他家。梅先生住在护国寺，北影就在新街口，相隔不远，当时梅府已有黑白电视机，梅先生就打开机器说："看看电视吧!"我俩还是傻傻的不知该说些什么，由于太紧张，别的什么也记不清了，只记得梅先生家里养了好多猫。

杨春霞拍完《游园惊梦》就到京剧班去了。

《游园惊梦》是梅兰芳学演昆曲的代表剧目。此剧是《牡丹亭》中的一折。剧情是：杜丽娘背父母及塾师与春香至后花园春游，见断井颓垣，陡起伤春之感。游倦归房，梦中与书生柳梦梅至后园相会，园中花神皆出护翼，二人定情而别；杜母恰至唤醒丽娘，见其恍惚，嘱其勿常游园，丽娘却心向梦境不已。梅兰芳在剧中饰杜丽娘。在唱念做工方面都有许多突出的地方，不仅表现出杜丽娘的温婉、娴雅、贞静的性格，还把这位深锁幽闺的少女心灵深处的寂寞、惆怅、彷徨的心情恰如其分地表露出来，演得层次分明，不同凡响。早在 1918 年演出时，由姜妙香配演柳梦梅。1933 年梅兰芳在上海演出时开始与俞振飞合作，由俞老饰柳梦梅，两位艺术大师珠联璧合，相得益彰。此后梅与俞合演多年，并博取众家精华，不断对此剧进

年轻时的蔡瑶铣

行锤炼和提高,遂臻如诗如画,如仙境一般,堪称中国戏曲艺苑中的奇葩。

1932 年,俞振飞第一次去梅家,梅兰芳唱曲,俞振飞吹笛,唱的就是《游园惊梦》;1934 年,俞、梅第一次在舞台上合作,演的就是《游园惊梦》;1945 年抗战胜利,梅重返舞台和俞振飞合作的第一出戏还是《游园惊梦》。

这次梅兰芳和俞振飞分饰杜丽娘及柳梦梅,梅的弟子言慧珠饰春香,更是一绝。

以后多年,每当蔡瑶铣再次重看这盘记录梅兰芳、俞振飞和言慧珠三人银幕上的"游园绝唱"时,当时的情景便历历在目,百感交集。

斯人去矣,音容长在。

经过两个多月的紧张拍摄,我们于 1960 年 1 月完成拍摄任务后回到了上海。又过一年多,1961 年,我从上海戏曲学校毕业。毕业后,由我们这届昆曲班和京剧班的毕业生正式组建成立了上海青年京昆剧团。在团里的一年多时间,我排演过《白罗衫》,这是老剧作家苏雪安根据老昆曲剧本改编的,由舒适导演,蔡正仁演徐继祖,刘异龙演徐能,我演苏夫人。这个戏参加了在苏州举行的两省一市的会演,反响很大。

华文漪和蔡瑶铣还以 AB 组的方式排了京剧《白蛇传》前半部。

1963 年,蔡瑶铣被调回上海戏校担任助教。

1964 年,蔡瑶铣突然接到去《海港》剧组报到的通知。

蔡瑶铣的演员时代正式开始了。

第四章 《海港》记忆

寻找失落在时间深处的意念与温情，那是心灵的愁绪和喜悦的泪水，是眷恋艺术的情绪与激情变异的形式，更是一种追问精神的漫长忧郁和痴情，它是理想生活的情结，是象征历史凝聚和精神文化流淌的河流。

蔡瑶铣是在1965年从上海戏校调到上海京剧院《海港》剧组的。

1965年初《红灯记》到上海演出，我当时正在奉贤县搞"四清"。当时学校通知要我马上回来录几段音，我也不知道是做什么用的，我录了《女起解》和其他一些戏，后来我才知道录音是给江青听的。接着又演出了一场《出塞》，还临时学唱了《红灯记》中李铁梅唱的一段娃娃调。是上海市委宣传部文艺处一个叫张立辉的处长推荐我的，他可能看过我演的一些戏。不久，学校就通知我到兰心大戏院《海港》剧组报到。

《海港》原来是淮剧，原名《海港的早晨》。由李晓明编剧，上海市人民淮剧团筱文艳等主演。该剧描写的是青年装卸工人余宝昌在老工人师傅的教育帮助下，从轻视装卸工的平凡劳动，到热爱这个岗位，决心做一名装卸工的故事。

该剧1964年春节在上海公演后引起了江青的注意。

淮剧《海港的早晨》编剧李晓明这样回忆当年的情景：

突然，有一天团里通知我：下午到锦江小礼堂参加一个座谈会。当时已是八月里，气候相当炎热，我一走进小礼堂就看到有几个人先到了，我便在边上的位子坐下。不一会儿，看见江青在几个人的陪同下走了进来。我简直不敢相信，是参加她召开的座谈会。江青同与会者逐一介绍认识后，一坐下便咧嘴笑了笑，一开口就是惊人之语："我十分高兴，这次来上海发现了一个高精尖的题材，一个国际主义的题材。这就是淮剧《海港的早晨》。"我一听，震惊不小，我的这个青年教育的题材一下子成了高精尖的题材。这时又听到江青说："在剧场里，我同工人一起看了三遍，工人哭了，我也哭了。"说罢，她还真的用手揉了揉眼睛。接下去，她的话更使我惊讶不已。她说，她是抓革命的，跑了全国许多地方，任务就是看戏，挑选写工农兵的优秀剧目，改编成京剧。写农民的早已选定《龙江颂》，写解放军的也已选定《智取威虎山》，而写工人的选了好久，直到最近才在上海选定了淮剧《海港的早晨》。[1]

著名作家叶永烈在《江青传》中记述了江青是如何看上淮剧《海港的早晨》整个过程的：

上海锦江饭店马路对面，是一座棕色面砖的典雅的美国风格建筑。这是闻名于上海的"兰心大戏院"，由美商哈沙德洋行设计，建造于1930年。在当时，是上海豪华型剧场。解放后，改名上海艺术剧场，仍居于上海一流剧场之列。

1964年7月22日晚，上海艺术剧场华灯如画，热闹非凡，迎来了一批贵宾：中华人民共和国主席刘少奇和夫人王光美，国务院副总理兼外交部部长陈毅，还有中共中央华东局和中共上海市委、市政府的领导人陈丕显、魏文伯、曹荻秋、石西民、王一平等。就连观众，也不是普通的观众，全是上海市局以上的干部。

他们聚集上海艺术剧场，不是开会，是观看上海淮剧团上演的淮剧新戏

---

[1] 葛昆元：《我见我闻——记上海淮剧团李晓明谈话》，《上海滩》1991年第6期。

《海港的早晨》。淮剧，又名“江淮戏”，流行于苏北、安徽和上海一带。虽说淮剧已有一百多年的历史，不过，毕竟流行区域有限，影响也有限。这天，嘉宾盛赞《海港的早晨》，刘少奇等还和剧团全体人员合影，成了上海淮剧团历史上的难忘的一日，难得的殊荣。

淮剧《海港的早晨》引起刘少奇的注意是因为几个月前周恩来总理在上海黄浦剧场看过这出戏。周恩来赞扬这出戏，说道：“感谢你们演了这个好戏，你们给我们提出了一个问题，在舞台上反映青年问题的戏有《年青的一代》、《社长的女儿》、《千万不要忘记》……说明当前教育青年的重要性。”[1]

消息飞快地传入江青耳中。频繁出入于上海的江青，不声不响混在普通观众中，连看了三次淮剧《海港的早晨》！

正忙于“京剧革命”、正忙于树“样板”的江青，看中了《海港的早晨》。要让工农兵占领舞台，她手中正缺乏“工”，而《海港的早晨》恰恰是写码头工人的。

刚刚结束了北京的京剧现代戏观摩，江青惦记着淮剧《海港的早晨》，急急匆匆又赶往上海，下榻于锦江饭店，跟上海艺术剧场只一步之遥。……从此，淮剧《海港的早晨》就被江青“抓”去……

这一回，江青指定中共上海市委第二书记陈丕显挂帅，由上海市委书记处书记石西民、上海市文化局党委书记李太成负责，组成领导班子，把淮剧《海港的早晨》改编为京剧……[2]

为了让《海港》赶上参加1964年6月5日至7月31日在北京举行的全国京剧现代戏观摩会演[3]，大约在4月初，上海市文化局组织了由何慢、郭炎生、李晓明组成的创作组开始改编剧本，确定杨村彬任导演，黄钧、马锦良、吴歌、顾永湘为音

---

[1] 原注：葛昆元，《江青一伙插手〈海港〉我见我闻——记上海淮剧团李晓明谈话》，《上海滩》1991年第6期。

[2] 叶永烈：《江青传》第十二章《江记“样板”》，作家出版社1993年12月。

[3] 京剧现代戏观摩演出大会：1964年6月5日至7月31日，在北京举办了京剧现代戏观摩演出大会。参加演出的有文化部直属单位和18个省、市、自治区的29个剧团。演出大戏25台，小戏10台。两千多人参加，上演了《红灯记》、《芦荡火种》、《智取威虎山》、《奇袭白虎团》、《节振国》、《红嫂》、《红色娘子军》、《草原英雄小姐妹》、《黛诺》、《六号门》、《杜鹃山》、《洪湖赤卫队》、《红岩》、《革命自有后来人》、《朝阳沟》、《李双双》、《箭杆河边》等35个剧目。

乐设计，孙浩然、幸熙、周汛为舞美设计，主演由童芷苓担任。当时剧中一号人物还不叫方海珍，叫金树英。由于时间紧，该剧赶排出来到北京只做了内部彩排，未参加正式的会演。会演结束后，剧组回上海，演职人员重新到码头深入生活。

剧中主演童芷苓原籍江西南昌，1922 年出生于天津，幼年入圣功女学读书，性格开朗，天资聪慧，对京剧特别酷爱。一度入北京中华戏校学习，因年幼，被其父领回天津。后在家延聘教师传艺，曾得名教师王云卿的亲传，授以《贵妃醉酒》、《穆柯寨》、《马上缘》等剧。一年后，11 岁的童芷苓即以"小童伶"身份献艺舞台。她在天津春和戏院演出《女起解》，紧接着又在北洋戏院与其兄寿苓合作《武家坡》，并在一次票友会中演了《虹霓关》。

1938 年，童芷苓拜名票云馆主与张曼君为师，于当年 10 月开始在北洋戏院上演《十三妹》、《玉堂春》等旦角戏。同时，还搭以唱功为主的文明戏社"奎德社"，同李桂云、夏佩珍合演过《茶花女》、《雷雨》等话剧。童芷苓扮相娇美，嗓音明亮宽润，早在 1935 年，就已经是红透上海滩的坤旦了。

1939 年 4 月，童芷苓组班公益社（后改苓剧团），由其父童汉侠任社长，演出场所在新中央戏院，剧团成员有白家麟、王清尘、盖春来、童寿苓等，所演剧目有《大英杰烈》、《奇双会》、《花田错》等，以《大英杰烈》最为走红。当年 5 月 3 日，童芷苓在天津拜师荀慧生。此后多年直至建国前，她从荀慧生教她的第一出戏《霍小玉》始，陆续上演荀派名剧《元宵谜》、《香罗带》、《红娘》、《钗头凤》、《红楼二尤》等。在此期间，童除专心钻研荀派艺术外，还广泛涉猎梅派、程派、尚派之长，深得"四大名旦"名剧的精髓。童芷苓对梅派艺术格外倾心，1947 年在上海又拜梅为师，梅兰芳对她所演的《宇宙锋》、《贵妃醉酒》进行了加工修改。于是，童芷苓从荀慧生的"小留香馆"进入到梅兰芳的"梅花书屋"，成为她艺术上的黄金时代。后来童芷苓与哥哥童寿苓、弟弟童祥苓、妹妹童宝苓一起组成童家班。解放后，童芷苓率童家班一起进入上海京剧院。

1965 年 2 月《海港》修改后再次在上海公演，演出后，江青认为该剧突出了"中间人物"。于是，导演杨村彬被调离。江青还提出，童芷苓反对现代戏改革，决定换下童芷苓。后来才知道，其实撤换童芷苓的真正原因是江青一直认为童芷苓有可能知道她 20 世纪 30 年代在上海的一些情况，这就是当时所谓江青追查的"黑材料事件"。在这个"事件"中，被江青列入"仇人名单"的郑君里、顾而已、赵丹、童芷苓等 18 人被隔离审查并抄家。

童芷苓的弟弟童祥苓也曾于1964年一度进入《海港》剧组，但时间很短。1964年，童祥苓被江青选中参加京剧《智取威虎山》剧组，成为杨子荣的扮演者。姐姐童芷苓受审查后，江青曾考虑过换人，童祥苓一度被冷落。从1966年到1968年的3年间，每次童芷苓被批斗，童祥苓就被陪斗。童祥苓后来回忆道："有几次批斗的人说今儿没你，我说没我，我也站这吧，反正我姐姐站这呢，我也得站这，那没办法，她姓童我也姓童呀。"

后来由于实在找不出更合适的替换人选，时间又紧，于是江青决定再次起用童祥苓，但是"控制使用"，结果拍成了电影版的《智取威虎山》。

> 童芷苓被撤换后，1965年3月《海港》重新建组，剧组名称为"上海京剧院《海港》剧组"。我就是在这个时候到了《海港》剧组。李丽芳是跟我前后脚调到《海港》剧组的，当时剧组组长及编剧组长为何慢，编剧增加了闻捷、郑拾风，导演改为章琴，作曲为于会泳。那时《海港》剧组在上海锦江饭店对面的艺术剧场上班。由于李丽芳当时到外地演出，我先排了一稿。那是1965年5月份，是重新改的本子。

由于蔡瑶铣有较强的昆曲底子，在学校还学过京剧，所以改唱京剧不是很难。一个多月，第一稿就排出来了。江青来看，看了以后江青说蔡瑶铣演的方海珍像个团支部书记，不像党支部书记。因为蔡瑶铣当时才23岁，太年轻。

李丽芳报到后，决定让她任A角主演，看蔡瑶铣有培养前途，决定她任B角主演。

《海港》第一、二稿排出来后，江青说《海港》犯了"无冲突论"。于是1965年12月由编剧之一郑拾风单独又试写了一稿，剧名改为《码头风雷》。改后，江青、张春桥再次审看，又认为"阴暗面暴露太多"。于是又回到了原来的第一、二稿，加工改成第四稿，于1966年2月完成，5月彩排，剧名改为《海港》。A组由李丽芳饰方海珍，赵文奎饰高志扬，朱文虎饰马洪亮，周卓然饰韩小强。B组由蔡瑶铣饰方海珍，李长春饰高志扬，李炳淑的爱人李永德饰马洪亮，李达成饰韩小强。有一段时间李丽芳生孩子，由蔡瑶铣主演了一段时间。

1967年5月，《海港》晋京演出。6月22日，毛泽东看后给予了肯定。可是不久，张春桥又提出了进一步修改的指示，说要以"阶级斗争"贯穿全剧，要突出表现工人阶级坚持"国际主义精神"的主题。根据这个"指示"，创作人员对剧本再次作

《海港》，蔡瑶铣饰方海珍（1965）

了修改，最重要的改动是将剧中的仓库管理员钱守维由原来的"落后分子"改为"暗藏的阶级敌人"，全剧的矛盾冲突一下由原来的人民内部矛盾上升为敌我矛盾。

李丽芳1932年生于北京，当时她33岁，比蔡瑶铣大10岁，形象上更像党支部书记，艺术上也更成熟。她12岁师从新丽琴、程玉菁、陶玉芝学习京剧青衣，16岁登台。1951年和谭元寿、张鸣禄等在上海组建实验京剧团。1952年参加解放军总政治部京剧团任主要演员，后随团赴朝鲜为志愿军演出。回国后，进入中国京剧院四团。1958年为响应"支边"号召，赴西北组建了宁夏京剧团，后改为宁夏回族自治区京剧团。1965年借调上海京剧院《海港》剧组。

李丽芳到《海港》剧组是因为江青看了她的《杜鹃山》。她所在的宁夏京剧团正在演出《杜鹃山》，李丽芳饰贺湘（当时还没改为柯湘），李鸣盛饰乌豆（当时还没改为雷刚）。宁夏版的《杜鹃山》1963年首演于银川，1964年参加了在北京举办的全国京剧现代戏观摩演出大会。

当时除宁夏的京剧《杜鹃山》外，《杜鹃山》在全国还有好几个版本，有上海人民艺术剧院二团的话剧《杜鹃山》、沈阳评剧院评剧版《杜鹃山》，还有北京京剧团的《杜鹃山》。北京京剧团的版本用的都还是原来的名字，赵燕侠饰贺湘，裘盛戎饰乌豆，马连良饰郑老万，马富禄饰老地保，谭元寿饰石匠李，马长礼饰温七九子，万一英饰杜鹃妈妈等，称为北京版的《杜鹃山》。

"文革"开始后，江青开始对《杜鹃山》感兴趣，于1968年决定由北京京剧团排《杜鹃山》。为和过去各种版本加以区别，改名为《杜泉山》，由汪曾祺、杨毓珉等编剧，周仲春导演，张君秋、唐在忻、熊承旭、王酩、牟洪等负责音乐设计。指定由中国京剧院的杜近芳替代赵燕侠担任主演，裘盛戎和谭元寿的角色保留。此版于1970年8月接受江青审查，以"不满意"告终。原因是江青对女一号"贺湘"的名字耿耿于怀，当时许多人以为此事与贺龙元帅有关，但经知情者透露，实际是江青的内心一直是对贺子珍持有忌讳。之后，江青将此剧交由当时的国务院文化组副组长于会泳负责，同时将上海的杨春霞借调进京。从这以后，"贺湘"改"柯湘"，"乌豆"变"雷刚"。同时对剧组人员进行了大刀阔斧的变动，编剧组除原来的汪曾祺、杨毓珉外，还从上海调来王树元、黎中城；导演组包括周仲春、张滨江、刁光覃、朱琳；唱腔和音乐设计由于会泳亲自担任，辅以龚国泰、胡炳旭等人；柯湘由杨春霞、杨淑蕊、阎桂祥分任A、B、C角，马永安饰雷刚，剧中其他角色除更名换姓外，饰演者亦全部更换，高牧坤饰田大江，李宝春饰李石坚，张学海饰郑老万，刘桂欣饰杜妈妈，王忠信饰温其久。

《杜鹃山》于1973年5月1日在北京工人俱乐部试验公演后赢得赞誉，当时用的剧名还叫《杜泉山》，后来据说江青本人也不喜欢这个剧名。最后，决定恢复原名，还叫《杜鹃山》。至此，声名显赫的样板戏版《杜鹃山》诞生了。

我在上海戏校的同学杨春霞也由此成为家喻户晓的著名演员。

以上是李丽芳在宁夏演出京剧《杜鹃山》引来的一段插曲。

"文革"后，李丽芳仍活跃在京剧舞台上。由于众所周知的原因，反映解放以前内容的"样板戏"[1]才能全本上演，叫"红色经典"；而反映1949年以后内容的，

[1] 样板戏：1966年12月26日《人民日报》发表的《贯彻执行毛主席文艺路线的光辉样板》一文，首次将京剧《红灯记》、《智取威虎山》、《沙家浜》、《海港》、《奇袭白虎团》，芭蕾舞剧《红色娘子军》、《白毛女》和交响音乐《沙家浜》称为8个"革命艺术样板"和"革命现代样板作品"。1967年5月，在纪念毛泽东《在延安文艺座谈会上的讲话》发表二十五周年之际，在首都舞台上上演了八个革命样板戏，它们的顺序是：京剧《智取威虎山》、《海港》、《红灯记》、《沙家浜》、《奇袭白虎团》，芭蕾舞剧《红色娘子军》、《白毛女》，交响音乐《沙家浜》。5月31日，《人民日报》发表社论《光辉的革命文艺样板》，正式提出了"样板戏"一词。

如《海港》、《龙江颂》等，因剧情中“阶级斗争”的色彩太浓，不能全本演出，只能唱一些戏中的经典折子唱段。所以，李丽芳后来主要是以演传统戏为主。1998 年，她被查出患上了癌症，但她始终非常乐观，以顽强的意志与病魔抗争。2000 年 4 月 29 日，上海京剧院举行建院 45 周年庆典演出时，她仍执意请缨参加演出。当晚，上海大剧院内座无虚席，当她竭尽全力、声情并茂地唱完《海港》中方海珍的《忠于人民忠于党》这一经典唱段后，全场观众起立，报以雷鸣般的掌声。2 年后的同一天，也就是 2002 年 4 月 29 日，李丽芳不幸病逝于上海。在追悼会上，上海京剧院党委宣布了《关于向李丽芳同志学习的决定》，对李丽芳的一生给予了高度评价，称她为“德艺双馨”的艺术家，号召全院向她学习。

> 从 1965 年 3 月进《海港》剧组一直到《海港》剧组解散，我在这个剧组整整 13 年，目睹了现代京剧《海港》诞生的整个过程。

在这个剧组里，蔡瑶铣一直待到 1978 年。有人说“十年磨一戏”，虽然只有一个戏，但在那些年月中她的确学到不少东西。现代戏讲人物塑造，与传统戏曲不大一样，所以蔡瑶铣觉得从学戏的角度讲，那些年并没有浪费。

蔡瑶铣在北京拍电影版《海港》时的便装照(1972)

我看到了艺术求精的过程。我是以演员代表的身份加入了创作组的核心，这个核心组织中还有电影导演谢晋、傅超武等人。虽然我是B组的演员，但在创作组中，我体验了演唱、表演、舞台调度、灯光、舞美等各方面，一修再修、一改再改的精益求精的历程，也学习了如何塑造人物。

当然，更重要的是，我从学校出来后经历了这段特殊的艺术磨炼，大量的在全国各地的演出实践锻炼了我的表演和舞台适应能力，因为当时演“样板戏”，每场，甚至每一个动作、每一个唱腔都是“政治”，整场下来，必须是一丝一毫地不走样，不然，随时会遭遇不测。

江青当时以她特殊的身份、地位，调用了各地各行中的人才来制作现代戏。《海港》的音乐创作就是一个例子。于会泳原是上海音乐学院民族音乐理论系教师，1963年，于会泳在《民族民间音乐腔词关系研究》一文中较早提出了音乐中唱腔与字词及器乐的关系。他说演唱包括四个要素：发声、吐字、润腔和力度，又说京胡的里弦略低，伴奏起来比较有味道，而且不算音不准。他还说不该用颤音的地方就不要用，否则唱出来就不是京剧了。除了《海港》以外，《智取威虎山》和《龙江颂》、《杜鹃山》等戏也都是由他负责音乐部分。把小提琴、中提琴、大提琴、小号、黑管与京胡、二胡、月琴、琵琶混合使用也是他想出来的。他还要求小提琴演奏者要学习拉胡琴，以融合演奏技巧。

毫无疑问，“样板戏”是特殊历史时期的产物，是被用做政治宣传的工具，但对“样板戏”艺术成就与价值的评价，现在的观点基本上归于理智，认为不应该从政治角度出发，而应从艺术欣赏的角度。

“样板戏”之所以长盛不衰，是由于它以人民群众喜爱的国粹艺术京剧为载体，并进行了如音乐创新、写实与虚拟结合等大胆的艺术创新与探索的结果。现在有些大学的中国现当代文学等文科教材都有“样板戏”这一章节，在否定“样板戏”的政治作用的同时，也从理性的角度肯定了它的艺术价值。

虽然“样板戏”和京剧反映现代生活不是一个概念，但“样板戏”在艺术上至少在“分不清”（传统戏大都看不清演员的脸）和“听不清”（传统戏不靠字幕大都听不清唱的是什么）等方面上做了一些比较成功的探索。

从艺术上讲，有些观点认为“样板戏”是“京剧的程式化模式与布莱希特间隔效果的完美结合”；“被人们指责的所谓正面人物的‘高大全’和‘红光亮’及所谓的反面人物的‘短小缺’和‘蓝阴暗’等其实正是传统京剧人物脸谱化、唱念做打程式化及舞台间隔化的现代化的精髓。生旦净末丑面孔上涂抹的脂粉一旦被洗去，那么，塑造人物的理性法则便还原出来”；“‘样板戏’在艺术上最为突出的成就在音乐方面。管弦乐队极为自然和谐地被吸引进文武场面，既尊重民族乐器的表达方式，又弥补了气势上的不足和音色上的单调。然而，最最重要的，还是在音乐思维上的突破”。

当然现在也还有不同的观点，如：“样板戏是造神运动”；“样板戏中的角色都是孤男寡女，是禁欲主义”；“样板戏是政治符号，不是艺术符号”；“样板戏索然无味，是政治文化”等。

我非常理解当时处于那场“灾难”中心人们的处境和记忆，他们是那场“灾难”的直接承受者。如20世纪80年代，“样板戏”重新返回舞台时，据说巴金老先生就气得发抖，因为这对于他绝对是恐怖的记忆。

剧作家汪曾祺，1963年就参与改编沪剧《芦荡火种》，并由此揭开了他与样板戏、与江青十多年的恩怨与纠葛，因而构成其一生写作中最奇异、最复杂、最微妙的特殊时期。他说：“‘样板戏’十年磨一戏，很精致。但主题先行，极‘左’思潮影响下出了一批高大全人物，那不叫艺术。有些唱段可能会流行。王蒙、邓友梅说不能听样板戏，老夫子很同情，对他们能理解。”粉碎“四人帮”后，汪曾祺曾被审查，并被迫写了近十几万字的交代材料，成为他十年“样板戏”创作的副产品。

时间已经过去了快40年，曾前后参与《海港》创作，主演过方海珍一角的童芷苓和李丽芳两位艺术家都陆续走了。她们带走了这段历史，但她们的艺术精神却留了下来。

我常常想起那段和她们在一起的日子，单纯和紧张。

童芷苓晚年患癌症，她为了把她的经历留下来，忍着病痛，一直坚持到《坤伶皇座——童芷苓》[1]一书出版。这是一本内容相当丰富，具有很强的史实价值的

[1] 朱继彭著，上海人民出版社2010年1月出版。

书。她说这是她对自己一生最后的交代，也是给家人、朋友、学生及广大戏迷留下的最后礼物。在她知道书已刊印时，向至亲好友做了最后的告别，并说将《童芷苓》一书作为纪念。最悲莫于死别时，在人生的这个时刻，童芷苓语气从容地向朋友说道："我要回家了……回我来的地方了。"

人们更记得，童芷苓晚年有两次令人提心吊胆的"玩命"演出，都是在台湾。一次是刚做完子宫切除手术不久即赴台演《武则天》，当时医生、家人、朋友都劝她别去，这个年纪做了大手术必须得好好养，但她说已答应台湾，不好反悔，毅然赴台。虽然演出后虚脱，但看过的观众都没有在戏中看出童芷苓虚弱的样子。第二次是她最后一次登台演出，是癌病复发后再次赴台演出《尤三姐》，有的好友急了，劝她"别要钱不要命啊"。童芷苓心中有说不出的委屈，年轻时拼搏努力得来的财富，在当时上海文艺界虽非首富亦不远矣，而这些却在一次次的运动和磨难中化为乌有，"富贵如浮云"她是最能体会的。童芷苓晚年在美国享有老人福利，且儿女在美工作稳定，无须她再挣钱养家了。她只是不甘心生命中十余年的黄金岁月被践踏，要在有生之年捉住任何一个放光的机会，于是毅然决定再赴台湾。童芷苓赴台下飞机后就直接住进了医院，但她仍未回戏，救护车开到后台门口等她演出完直接接回医院，许多观众是一直含泪看完这出《尤三姐》的。

> 这么多年来，其他几个"样板戏"中的原班主创人员也走了不少，如我所在的北方昆曲剧院就有在《沙家浜》中扮演阿庆嫂的洪雪飞，她1994年9月因车祸不幸在新疆罹难。我1979年调到北方昆曲剧院后和洪雪飞共事了15年。她是个很有才华的演员，可惜英年早逝。还有更多的人，则默默承受了这一切。

客观地讲，十多年的"样板戏"成就了一批人，包括编剧、导演、演员、作曲、舞美设计和服装以及从事电影方面的专业人员等，这些人后来基本上都成为各行各业的领军人物。当然也扼杀了一些人的才华，也毁掉了本来很有才华的一些人。

> 样板戏的确是艺术家们群体的智慧和创造，我在《海港》剧组十几年最有发言权。江青不会去写剧本改剧本，不会去设计唱腔和身段，《海港》中小到如何担一个扁担、如何扛一个麻包、如何跳过缆绳等都是经过无数次精心设计

电影版《海港》摄制组集体合影，前排左起第八为蔡瑶铣（1972）

的。所有这些立在舞台上的东西都是通过艺术家们的才能和艰辛的创作去完成的。

在上海戏校毕业的同学中，我参加了《海港》B组，杨春霞参加了《杜鹃山》A组，李炳淑参加了《龙江颂》A组，齐淑芳参加了《智取威虎山》A组。其他同学如蔡正仁、刘异龙、计镇华、华文漪等都先后在《智取威虎山》、《龙江颂》和《磐石湾》中担任过各种角色。

也许时间会磨去人们的一些记忆，也许生命磨练的过程久了，就会回头寻找一些什么。

总之，人们又回归于理性，不像过去那样躁动。

这些“特殊历史背景”下产生的“特殊”剧目，当政治的因素随时间逐渐淡去后，历史的、艺术的价值就会渐渐凸显出来。

曾是“波涛翻滚”的“不平静的海港”，在经过历史无情的冲刷和打磨后，终究会成为“宁静祥和”的“平静的海港”，成为后人观赏和研究的艺术品。就像“长城”和“故宫”，尽管当时建造时耗尽了“民脂民膏”，以致“累累白骨”，但毕竟现在都成了中华民族文化的象征。

这也许就是《海港》的价值吧。

第五章 “录音”记忆

昆曲是在舞台上可以表演和演唱的“诗词”。蔡瑶铣是昆曲演员，也许是职业习惯，她喜欢诗词。远的山，近的树，浮的云，还有往事和思绪。在触及的一刹那，遥不可及的蓝天白云似离你越来越近，蜂拥而至，一页页地翻看，一首首地吟诵，一遍遍地默想，一回回地沉思。回荡着天地和人世间的所有的睿智，哪怕时间间隔得太久太久……

1975年到1976年的两年时间里，蔡瑶铣经历了她艺术生涯中极为重要的一段历程。

这是一件在当时属于“高度机密”的工作。工作的内容是为毛泽东录制诗词和传统剧目，这是我后来才知道的。

我是从上海奉调进京的，其间，先后录制了许多首唐诗宋词，也录制了一些昆剧传统经典折子戏。我是第一个介入这项工作的，后来陆续有很多当时一流的艺术家们也参与其间，我也是最后一批退出来的。

关于在“文革”期间为毛主席录制传统词曲和传统剧目的事，粉碎“四人帮”后，有很多人对此进行了回忆，也写了一些回忆文章。

上海京剧院齐英才在《“文革”中秘密拍摄传统戏始末》[1]的文章中曾写道：

1975年深秋，天气特别地阴冷。一天上午，当时上海市文化局负责人孟波同志突然来到我家，很神秘地对我说：“老齐，咱们俩有些事要马上去北京。”他这没来由的话，把我弄得如坠云雾，不着边际。那时，我刚被宣布解放，虽然说是让我和陆汉文、胡冠时等同志负责上海京剧团（即现在的上海京剧院）党委工作，但我是心有余悸，处处小心，大事小事都请示，生怕再被靠边批斗。出于谨慎，我问：“是什么事情？”孟波不露声色地说：“到了北京就知道了。”他秘而不宣。我更加要刨根问底：“你不说清楚，我就不去！”他犯了急：“嗨，你这个人真死心眼，告诉你，是搞传统戏的事。”一听说是搞传统戏，我脑袋轰的一下就像炸开了。这八九年来，为了帝王将相、才子佳人的传统戏，我吃的苦头还少吗？现在是什么时候，八个样板戏唯恐大树特树还不够，搞传统戏，岂不是黑线回潮，复辟倒退吗？这可是拿政治生命开玩笑！我急忙摇头说：“这个事情我不能去，打死我也不去。”孟波见我如此认真，便朝我面前凑了凑，轻声说：“你放心，这是中央最高领导要看，不会有问题。”他特别强调“最高领导”，使我感到有了几分安全感，于是便点了点头。孟波见我同意，便交代了第二天去北京的事宜，留下机票后告辞了。……

登上飞机，孟波和我相邻，待飞机升空，他瞧瞧前后左右，对着我的耳朵悄悄地说：“是毛主席要看，因为你熟悉京剧，所以非你莫属。”我这才恍然大悟。在当时的政治形势下，也只有他老人家能做出这样的决定。

……主席指示要搞传统剧目的录音、录像、拍电影。这个决定使江青等感到为难，顶着不办，主席那里交代不过去；办，等于是自己打自己的耳光，否定了这十几年来的所作所为。所以江青几次找于会泳等商量对策，结果是打出“给中央负责同志做调查研究”、“给今后文艺革命古为今用，推陈出新留下宝贵资料”的旗号，来掩盖他们的空虚，并且尽可能缩小范围和对象，严加保密。

就像齐英才文章中所说的，当时，为什么录、为谁录、录下以后干什么等都不知道，也不许你知道，只知道这是一件“极其光荣和秘密的工作”，只知道，在当时录

[1]《炎黄春秋》1992年第3期。

制这些还属于“封、资、修”的东西绝对是“最上边”的意思。

蔡瑶铣是这样叙述这项“神秘任务”的：

> 1975年的2月，那时我还在上海京剧团《海港》剧组忙于演出。有一天，领导通知我去北京参加一项录音工作，具体内容不清楚。于是我赶忙整理行装赴京，一起去的还有一个人是上海民族乐团著名二胡演奏家闵惠芬。

闵惠芬比蔡瑶铣小两岁。她8岁随父亲闵季骞学习二胡。12岁进上海音乐学院附中，19岁入上海音乐学院本科学习直到大学毕业，师从王乙、陆修棠。1963年，闵惠芬获第四届“上海之春”全国二胡比赛一等奖。后多次出国访问演出，在国际乐坛上享有盛誉。闵惠芬的演奏基本功全面扎实，富有激情，对乐曲内涵理解深刻，处理细腻，如泣如诉，具有动人的艺术魅力，曾被小泽征尔称作“世界上最伟大的弦乐演奏家之一”。二胡代表作品有《洪湖人民的心愿》、《阳关三叠》、《江河水》、《长城随想》等。

> 我俩住的地方是北京和平宾馆，住在东院尽里头。当时和平宾馆东院是一个古典样式的四合院建筑。到达后，有专人给我们分配任务，交代注意事项和纪律。我的任务是录词曲。闵惠芬的任务是先学京剧唱段，然后在京剧乐队伴奏下，用二胡拉出仿人声的唱腔。记得闵惠芬先是由李慕良先生教唱，学会以后，就由李先生一句一句抠，再研究怎么能用乐器拉出味儿来。

蔡瑶铣接受的第一项工作是录制宋代词人洪皓的《江梅引》。

洪皓是江西波阳人，字光弼。宋徽宗政和五年(1115)中进士，出任海宁县主簿、摄县令事。宣和六年(1124)为秀州(今浙江嘉兴市)司录。建炎三年(1129)，奉命以礼部尚书出使金国被扣15年，险些被杀。15年中，他不断搜集北国人民在生活习俗、风土人情方面的资料，将所见所闻记录下来，撰写成《金国文具录》。绍兴十三年(1143)，洪皓才回到南宋。绍兴十七年(1147)，他因揭露秦桧的叛徒罪行被诬陷，削夺官职，流放到岭南的英州(今广东英德县)。绍兴二十五年(1155)秋，洪皓复官为左朝奉郎，主台州崇道观。

洪皓的一生，是“临大节而不可夺”、“富贵不能淫，威武不能屈，贫贱不能移”

的一生。他才高学赡，文章、道德两相济美，为南宋文章大家。主要作品有《文集》10卷、《春秋纪》30卷、《帝王通要》5卷、《金国文具录》1卷等。其所作《江梅引》四首，表现了强烈的爱国热情。

洪皓四首《江梅引》在形式上很有特点，各首之中必有个“笑”字，所押各韵字亦全部相同：

江梅引·忆江梅

天涯除馆忆江梅。几枝开。使南来。还带余杭、春信到燕台。准拟寒英聊慰远，隔山水，应销落，赴诉谁。

空恁遐想笑摘蕊。断回肠，思故里。漫弹绿绮。引三弄、不觉魂飞。更听胡笳、哀怨泪沾衣。乱插繁花须异日，待孤讽，怕东风，一夜吹。

江梅引·访寒梅

春还消息访寒梅。赏初开。梦吟来。映雪衔霜、清绝绕风台。可怕长洲桃李妒，度香远，惊愁眼，欲媚谁。

曾动诗兴笑冷蕊。效少陵，惭下里。万株连绮。叹金谷、人坠莺飞。引领罗浮、翠羽幻青衣。月下花神言极丽，且同醉，休先愁，玉笛吹。

江梅引·怜落梅

重闺佳丽最怜梅。牖春开。学妆来。争粉翻光、何遽落梳台。笑坐雕鞍歌古曲，催玉柱，金卮满，劝阿谁。

贪为结子藏暗蕊。敛蛾眉，隔千里。旧时罗绮。已零散、沈谢双飞。不见娇姿、真悔著单衣。若作和羹休讶晚，堕烟雨，任春风，片片吹。

江梅引·雪欺梅

去年湖上雪欺梅。片云开。月飞来。雪月光中、无处认楼台。今岁梅开依旧雪，人如月，对花笑，还有谁。

一枝两枝三四蕊。想西湖，今帝里。彩笺烂绮。孤山外、目断云飞。坐久花寒、香露湿人衣。谁作叫云横短玉，三弄彻，对东风，和泪吹。

这四段词由傅雪漪先生配曲。那时候中国歌剧舞剧院曾有一个琴筝瑟乐器改革小组，伴奏就由这个小组的成员吴文光弹奏古琴，加上一支箫，古琴和箫这两件乐器本身就很能体现古典乐曲的“清悠淡远”的意境。

蔡瑶铣先录制了《江梅引》中的第一首《忆江梅》，表现洪皓在得知自己将返回故里的消息后，抑制不住激动的心情，操起绿绮琴，演奏了一曲《梅花三弄》，借梅花的傲霜凌雪来表现自己的坚贞不屈，同时以回忆江南的梅花来寄托自己对南宋的深切怀念之情。

蔡瑶铣在北京录诗词时留影(1975)

送去审听后，受到“上边”的肯定夸奖，我心里稍稍宽慰了许多。毕竟是多年不唱传统的段子，效果如何当时多少还有些吃不准。由于头一曲录得不错，又接着录制了后面三首《访寒梅》、《冷落梅》和《雪欺梅》。这三首虽都是写梅，意境、情绪都不太一样，用的同一曲调也稍有差别，所以前后录了好几遍。有时是“上边”提出要求，理解后再录；有时是录好后“上边”又提出新的要求，这样反反复复，竟录了七八次。这一阶段，文化部当时的负责人经常亲自来抓我们的工作，并告诉我们，录制的曲目要送给“上边”的领导人听。我们也只是听着，从不敢多问什么，心里只想把声音录得好一些，尽量别出纰漏。

大约是在4月，蔡瑶铣与陆续来报到的其他同志被车送到钓鱼台国宾馆。

参加录音录像的人记得有中国京剧团的李少春、李金泉、赓金群、高盛麟等著名艺术家，有当时北京京剧团的洪雪飞、万一英和侯少奎等，还有上海来的方洋、刘异龙等人。

会上由文化部指定上海音乐学院陈应时和文化部办公室秘书汪流两个人

负责录音录像组工作。这样正式建组后，我们就被集中到了当时位于阜外的市委第四招待所，也就是现在的北京市委党校。

录音和录像是分成两组同时进行的。

我们录音组这时又迎来了上海的蔡正仁、岳美缇、计镇华等人。

正式录音前，先是把辛弃疾、张元幹、李清照、苏轼的词都印成了大字本发给演员，请专人负责注释，把时代背景、作者的生平、词的意思、作者是在什么情况下写的这首词等一一讲给他们听。当时还传达"指示"说，这些词分为豪放和婉约两大派，先录豪放派的，然后再录婉约派的。时间是一个星期每人发两首，先做案头、酝酿、练唱、合乐，等感觉差不多时再去录音。

拍曲是傅雪漪。傅雪漪是北京市人，满族，曾于国立北京艺术专科学校师从黄宾虹、萧谦中、秦仲文等研习国画。1940 年起开始学习昆曲艺术，师从侯瑞春、高步云、沈盘生、包丹庭等人，主持过北平昆曲学会。自 1951 年起，在中央戏剧学院舞研班、歌剧系，中国戏曲研究院，中国京剧院从事音乐创作和研究工作。1957 年调北方昆曲剧院任艺委会委员兼秘书、演员和艺术室音乐组组长、教师。1973 年调中国艺术研究院音乐研究所中国古代音乐史组，后转戏曲研究所。曾先后在中国音乐学院、中央音乐学院、中国戏曲学院等任教。

蔡瑶铣和傅雪漪合影

录音的地点有三个，一个是中央人民广播电台，一个是新闻纪录电影制片厂，再一个是北京电影制片厂。所有这些录音棚的设备，在当时都堪称一流。

按照计划陆续录了几十首词曲。

那时录音是有时候大家共同准备同一首曲目，比如录岳飞的《满江红》，我和岳美缇、计镇华等都唱，送上去审听一两天后就会传达意见，说谁这首唱得比较好，什么地方好，但从不说这话是谁讲的。

与录音组同时展开工作的录像组，规模也相当大，李少春、高盛麟、李和曾、关肃霜，还有天津的张世麟、厉慧良和天津京剧团的一批人都被集中到一起。上海京剧团武旦张美娟，昆剧前辈俞振飞、方传芸等先生和上昆演员王芝泉也赶到北京，录制传统剧目。

我参加了《游园》、《思凡》等昆剧的录像，王芝泉录了《盗草》。

整个录音录像组的工作，从1975年初到1976年初，除去中间停顿的一段时间外，第一阶段工作大致持续了将近一年。

就在我参加录音组工作期间，忽然接到一个为晚会演唱古曲诗词的任务，那是一次为招待英国前首相希思的外事演出任务。能在这种场合演唱传统的古典诗词，对我来说是别有一番滋味在心头。后来，这种任务渐渐多起来，招待的外国贵宾有马来西亚总理、菲律宾总统夫人、丹麦首相等，还有一次是为朝鲜金日成演唱，每次演出都非常隆重。值得一提的是还参加了招待美国总统尼克松访华的演出，我和岳美缇分别演唱了古曲。当悠扬的旋律在人民大会堂回荡的时候，我被传统艺术的魅力深深震撼，久久陶醉其间。

1976年7月初，第二阶段的工作开始。这时的录音组已经比前一阶段的规模大了许多，更加有组织有计划，步骤也更严密更精致了。整个一个录音组就占满了当时位于北京东单三条的公安招待所，大组下面又分成声乐组和器乐组，另外还专门成立了一个注释组。

这一时期，词曲这组（即声乐组）除了我以外，还有岳美缇、李炳淑、方洋、计镇华、杨春霞等，李元华也参加过一段时间。一共录制了几十首词曲，加上前面的，总共应该超过一百首。

器乐组抽调了上海、北京、湖北等地艺术团体最拔尖的独奏演员，像许讲德（二胡），刘德海、王范地（琵琶），上海民族乐团的王昌元和北京中国歌剧舞剧院的项思华（筝），还有该院琴筝瑟乐改小组的康绵总、上海的俞逊发、北京的曾永庆（笛子），再加上拉雷琴的傅定远、韩风田和一个吹管子的同志等，加起来有十几个人，每天关在屋子里听录音，研究技巧。

注释组是专门搞文字的，把每首词都打印成一叠厚厚的资料，分词正文、注释、作者介绍等几个部分，要求声乐和器乐两个组统一做案头，先理解，再吃透，最后进行演唱。

由于要求严格，谁也不敢懈怠。像声乐组的人不仅理解了曾经演唱过但并不完全明其就理的曲目，而且在文学、历史知识方面都有很大提高。像器乐部分要求人声化，要模仿出人说话、唱歌时的气息和意境，所以每个人都狠下了工夫。那时他们每人一间屋子，天天听的都是高庆奎、杨宝森、余叔岩、荀慧生、程砚秋等的录音唱段，研究用二胡、筝等多种乐器演奏模仿这些名角的唱。有时也和演员们一起听，听完了征求演员们的意见。

> 之后就一段一段学唱，然后再用乐器体现出来，哪个地方该颤音，哪个地方要揉腔，都恰到好处，活灵活现。如用二胡演奏的程派《锁麟囊》、荀派《红娘》等段子，真是好听极了。

录音仍然是录一次就送上去审，听审查意见，不行就打回来重录，直到"上边"满意为止。用器乐演奏的高庆奎高派唱腔很多，如《逍遥津》、《碰碑》很能体现高派雄浑苍凉、慷慨激愤的意境和风格。而低回婉转的程腔，有如高山流水，空谷足音，别是一番意境。

终于有一次，是全体开会，听传达审听意见。"负责人"忽然眉开眼笑地说："毛主席听了你们的词曲，听了岳美缇的唱，听了蔡瑶铣的唱，说好像觉得岳美缇大概比蔡瑶铣大两岁吧？"

> 大家一听就都笑了，我赶忙说："对对对，岳美缇是比我大两岁。"
>
> 这一下，我们才明白，原来是为毛主席录音，我们的心豁然开朗，毛主席在关心着传统艺术的恢复整理工作。顿时一种亲切感涌上心头，大家互相用眼

神传递着信息,每个人都显得很兴奋,如沐春风。正是从这时开始,我们才真正了解到是毛主席在关心着这项工作,体会到毛主席的关怀有多么具体和用心良苦。

那时候有一些被重点圈定的词,像张元幹的《贺新郎》、辛弃疾的《南乡子》和《水龙吟》等,都是几个人同时录,几乎每一首词都不下三四遍地经历过送审、打回、修改、重录这样的过程。如李炳淑第一次录的《水龙吟》,其中有一句"栏杆拍遍,无人会、登临意",由于"拍"字的力度不够,不仅打回来,还重又把原词一个音一个字地考释、订正了一番;《南乡子》曲调也由于会泳自己重新调配了一次,又重录了三四遍,才算通过。

这样反反复复,也就慢慢习惯了。

还有一次,岳美缇因生病回上海,病刚好就又被十万火急地召回到北京,重唱张元幹的那首非常有名的词《贺新郎·送胡邦衡待制赴新州》。

在这次重唱时,"上边"指示把原词中的末一句"举大白、听《金缕》"改成"君去也、休回顾"。录好后,江青召集大家听回放的录音,唱到这句时,江青不无得意地自言自语道:"这是毛主席改的,为我改的!"我们不敢说什么,但更感到毛主席和录音录像这件事有很大的关系。想着词中的"天意从来高难问,况人情老易悲难诉"的意境,大家心情颇为复杂。

过了很久,大约是在1994年,在纪念毛泽东诞辰100周年时,我才知道,当年毛主席改张元幹的《贺新郎·送胡邦衡待制赴新州》,是为悼念董必武的,改动的这首词收在《毛泽东诗词全集详注》一书中,题目叫《贺新郎·改张元幹词悼董必武》,而根本不是为江青改的。这件事在当时参加录音的张晓辉所写的回忆文章中有所提及。

张晓辉当时是东方歌舞团的演奏员。他回忆道:

1975年上半年,东方歌舞团的领导找我,让我到北京西苑旅社报到,说是去执行中央下达的一项重要任务。到了西苑旅社才知道,是当时文化部调集文艺界的精兵强将正在录制中国古典诗词音乐。后来我才了解到,这是为病中的毛泽东录音。录音工作是三头并进。第一头,“翻译”词牌。文化部从上海音乐学院调来两名音乐家连波、周大风。由他们“翻译”古书《碎金词谱》中古代的音阶标记,再谱成演员们能读懂能演奏的简谱和五线谱。第二头,抽调演员。录制组抽调了许多当时文艺界的名流:像演员有唱样板戏《海港》方海珍的蔡瑶铣,《龙江颂》里的李炳淑和演水莲的李元华,琵琶演员刘德海、王范地,二胡演员闵慧芬、许讲德等人。吹笛子的演员之前先有一人,可能试录效果不太好,又调我来,让我吹笛子并吹古箫。第三头,讲解古词。当时从北京大学调来了四名古典文学的教授。每录一首古词曲之前,先由教授为我们这些演员讲解应当如何理解这首词。当时录音是在西苑旅社专门做了间录音房,有时就到中央人民广播电台录音室录制。每首诗曲都是渐起音乐,然后是报以诗词的题目,再是配乐的演唱。曲子录好后除送毛泽东处,周恩来等政治局的常委委员也每人送一盘。词曲送到了中央领导处后,很快就从中央反馈回对该词曲录制效果的反映。这些反馈主要是毛泽东的意见,后来我们慢慢才知道,毛泽东非常爱听为他专门录制的这些古诗词演唱音乐,每首曲子都反复听多遍,有时兴致所至,还让改动古词的几句原词,让录制组重录。我记得最清楚的是毛泽东对张元幹《贺新郎》一词的修改。这首词由在样板戏《海港》中饰演方海珍的蔡瑶铣演唱,而且演唱有很特别的地方:先用南曲演唱一遍,又用北曲演唱一遍,两首曲子录音时间也不一样,南曲为5分1秒,北曲为2分55秒,据毛泽东身边人员回忆,毛泽东对《贺新郎》情有独钟,非常爱听。张元幹《贺新郎》一词的题目叫《送胡邦衡待制赴新州》。这首曲子录好送到毛泽东处,时隔数日的一天,毛主席突然改动了谱曲词中的最后两句:将“举大白,听金缕”改为“君且去,休回顾”。为什么要改这两句?事隔多年从毛泽东身边工作人员的回忆中才了解到:1975年4月,董必武逝世,国家的又一“砥柱”倾倒了。那一天,毛泽东非常难过,一整天就没怎么吃东西,也不说话,让工作人员将《贺新郎》录音整整放了一天。过了不几天,毛泽东就把《贺新郎》词中的最后两句改为“君且去,休回顾”,让录制组重录,说是原来的两句“举大白,听金缕”太伤感了……[1]

---

[1] 转引自蔡瑶铣、胡明明:《走进牡丹亭》,东方出版社2005年1月,第108—110页。

在录音工作紧张进行的同时，录像工作也比前一阶段更上规模。不仅要把词曲按照录音对口型、对演奏进行录像，而且还要套拍一部电影。由于摊子铺得大，除了中央台（原北京电视台）以外，北影、新影都开始介入，上海也设了点。

像我和岳美缇录的《琴挑》、《思凡》等剧目，先是在中央台录了像，然后又在上海拍了电影。北京这边拍的还有张学津、刘长瑜主演（李世济配唱）的《游龙戏凤》，并由李世济用程派演唱，还有李和曾的《碰碑》、高盛麟的《挑滑车》。新影还拍了赵燕侠的《红娘》、裴艳玲的《宝莲灯》。上海也把俞振飞先生的《太白醉写》、王传淞先生的《狗洞》拍了资料。这时的录像组单独住，只记得关肃霜、张美娟等都参加了录制工作，规格、档次也都很高。

对蔡瑶铣来说，还有一项特殊任务令她难忘。这就是在第二阶段工作开始不久的时候，当时的文化部负责人专门点名要她演唱唐代大诗人白居易的著名长诗《琵琶行》。之所以把这首诗作为重点，据说有两个缘故：一个是因为毛主席非常喜爱这首诗，他老人家还经常用毛笔默写全诗；一个就是以前所唱的宋词都有词牌，元曲有曲牌，无论是《满江红》、《水调歌头》，还是《醉花阴》，都能在《九宫大成南北词宫谱》和《碎金词谱》里找到相应的范例，这样演唱起来就有一定依据，创作的难度相对较小。而这首《琵琶行》长诗，没有现成可供借鉴的资料，一切要从头做起。

当时于会泳亲自抓这项工作，前后召开了四次会，参加者有我和傅雪漪，还有杭州的周大风和上海音乐学院的连波，就诗的意韵、音乐的结构、布局等逐项进行讨论，最后确定由连波主创、周大风等配合，为诗谱曲。直到最后，由于会泳亲自修改、审听，最终取得相当的成功。录音的时候，全诗88句词，我和乐队的同志全部是背下来的。正因为如此，我至今还对这些同志的名字记忆犹新，他们是：琵琶演奏者——中国音乐学院的王范地教授，二胡伴奏者——战友文工团的许讲德，箫伴奏者——东方歌舞团张晓辉，司鼓者——中央音乐学院打击乐教授李真贵。

当年箫的吹奏者张晓辉回忆道：

我们当年录制的这些古词曲现存放在韶山毛泽东纪念馆，这些磁带记录有工作人员按毛泽东喜爱曲子的程度随手做下的记号。毛泽东将特别爱听的曲目盒子上画有O型字样，在岳美缇演唱的岳飞《满江红》、蔡瑶铣演唱的张元幹《贺新郎》、杨春霞演唱的陈亮《念奴娇·登多景楼》磁带盒上，就画有O型铅笔字样。另外在岳美缇演唱的萨都刺的《满江红·金陵怀古》、计镇华演唱的《渔家傲》、方洋演唱的辛弃疾《南乡子·登京口北固亭》等作品上都留有不同的记号。我来到录音组，为毛泽东录的第一首曲子是唐代白居易的诗《琵琶行》，而所配诗的曲子，是用已流传多年的《春江花月夜》改编的，由蔡瑶铣演唱。该曲主要是琵琶伴奏，古箫的伴奏，我是吹箫者……[1]

《琵琶行》的录制完成，标志着录音工作完成了它的历史使命。蔡瑶铣是最后一个离开录制组的演员。

在词曲录制工作中曾出现过一个小插曲，就是由北京大学教授在钓鱼台专门开课讲授中国文学体裁的又一重要形式：赋。那时候，江青等人也“屈尊”来听课，气氛神秘而紧张。大家都分别领到一册大字号印刷的《枯树赋》、《恨赋》、《别赋》、《雪赋》等文字资料。当时说要录《枯树赋》，并由曹道衡教授进行了详细讲解。这篇赋是南北朝时期文学代表人物庾信的后期抒情作品，赋中采用象征手法，写各种树木因人为而受难，写的是动乱时期贵族文人难以自全的悲哀，具有很深的哲理韵味。在张玉凤的回忆中就有毛主席在语言表达很困难的情形下，让张玉凤等人给他念此赋的记载，说明毛主席对这首赋相当推崇。

鉴于以上这些，录制这篇赋的理由也就不难解释了。印象中准备由傅雪漪作曲，后来赋没有录成，但我们的文学修养又多了一层。

蔡瑶铣参与了整个录制工作，她断断续续也能听到当时负责此项工作的于会泳等人谈到今后的一些设想。

大概是这样：当时文化部抓完一段京剧改革，逐渐摸索出些经验后，接着

[1] 转引自蔡瑶铣、胡明明：《走进牡丹亭》，东方出版社2005年1月，第111—112页。

准备上马一项中国歌剧的改革工作。因为既是中国歌剧，就要体现中国民族的东西，词曲工作仿佛就是一种前期准备工作中的一项，是借此把本民族文学中最好的东西，选择最佳的音乐形式体现出来，从中寻找改革的规律和途径。

1976年9月，毛泽东逝世。所有录音录像工作全部停止。

1976年10月，粉碎“四人帮”。所有录音录像制品由中央办公厅负责保管，后来转到湖南省韶山毛泽东纪念馆收藏。

1993年，中央电视台制作播放了“戏曲欣赏特别节目——万年欢：一九九三年春节戏曲精萃”节目。这台由宋世雄、李炳淑、尚长荣和王雪纯主持的节目里，特意将当年的一些录像编成“异曲同工的戏——《五音六律》”，其中播放了我的《邯郸记·扫花》“赏花时”、许讲德的二胡拉戏程派《锁麟囊》、岳美缇唱的元代萨都剌的《满江红》、闵惠芬的二胡拉戏《连营寨》、李炳淑唱的辛弃疾的《水龙吟》、傅定远的雷胡拉戏《文姬归汉》、李元华的《踏莎行》、韩凤田的大擂拉戏双人唱腔《游龙戏凤》，以及张春华、杜近芳的《秋江》。

岳美缇在她的自传《我——一个孤单的女小生》一书中对这段录音往事进行了回忆：

在我的一生中，1975年可以说是最为奇特。这一年的经历在以后的好多年中都像谜一样使我费思量，浑难忘。……

1975年暮春，一天，文化局突然通知我：“有任务要你马上去北京。”什么任务？没有对我说，我也不敢问，就这样糊里糊涂地于3月14日跟着一帮人，其中有我的老师，尚未“解放”的俞振飞和一些“文艺黑线”人物，也有“五七”京训班的校长张美娟及样板团的演员，一起来到阔别十几年的北京……

我唱的第一首词曲是宋代王安石的《桂枝香·金陵怀古》。……那时来这里唱诗词的人相当多，除了戏曲演员外，还有朱逢博、李谷一等知名的歌唱家。有名的器乐演奏家刘德海、汤良兴、闵惠芬、王昌元等，也在这儿录古乐曲，同时还为我们唱的诗词伴奏……

接着要我唱岳飞《满江红》。当时这位英雄，已沦为“愚忠愚孝，反动昏庸封建主的走狗”,连杭州城中的岳坟、岳庙已被毁,而如今却要我唱这个被彻底否定的岳飞的作品,我该怎么理解呢? 是浩气长存,还是……? 我小声地不解地问老师,他无奈地对我一笑:“自己去理解吧!”……

我对岳飞有着特殊的崇敬,因为我也姓岳。听长辈们说: 在我们家谱中,明确记载我是岳飞的三十七代孙。……联想自己,也经历了三十六个春秋,承受过“文革”中对我的抄家、批判和冲击,虽然对政治还是不明不白,但对“三十功名尘与土,八千里路云和月”已能品出些苦涩的滋味了……

1988 年 1 月,我在《光明日报》上看到张玉凤同志写的《毛主席晚年二三事》……这时我终于明白无误地知道,1975 年我们唱的唐诗宋词,曾经伴随在毛主席晚年的床边。这个埋在我心中好些年的谜此时揭晓了。[1]

1993 年,毛泽东晚年做手术时点名要听昆曲演员岳美缇演唱岳飞《满江红》的这段史实,被北京人民广播电台文艺台编进了纪念毛主席百年诞辰的特别节目里。遗憾的是,岳美缇当年的录音已经作为珍贵文物放到湖南的毛主席纪念馆里去了。北京人民广播电台为此特意请蔡瑶铣去重新录制了这首词。

历史过去了很多年了,回想当年的录音录像工作,单就艺术而言,还是相当有意义的。众所周知,在那样的岁月里,能动用最好的人、财、物和技术设备,为老艺术家进行舞台实录性的资料保存工作,客观上起到了抢救、继承濒于失传的传统艺术的作用。像高盛麟、厉慧良、张美娟等人,虽然是搁置了许多年,但由于他们那一辈人扎实的基本功,录像时处于精力、体力和艺术水平的最佳状态,因而,所留下的资料也就弥足珍贵。

如今,随着许多前辈艺术家相继谢世,这些资料的作用也就越来越明显。它的不可多得、无可替代性是不言而喻的。

在词曲方面,这项工作的价值就更大一些。中国的古典诗词曲赋,在文学史上占有极其重要的地位,除去文学的贡献,古诗词本身就是能够吟唱的。因此,通过声乐的形式,把书本上的无声文字,转化成立体的声像,其意境更容易被理解被接受,也更利于传播开去。

蔡瑶铣作为亲历者,深有体会。

---

[1] 岳美缇:《我——一个孤独的女小生》,文汇出版社 1994 年 1 月,第 127—143 页。

作为演唱者，我曾深切地体会到词曲演唱对我自己艺术表现力丰富的提高起了多么大的作用。那时，为了突破以往传统昆曲的演唱框框，我还专门花费很大精力研究、借鉴其他姐妹艺术的优长，像过去曾很喜爱的徐丽仙的评弹《黛玉葬花》、《木兰辞》，小彩舞的京韵大鼓《丑末寅初》等。在我演唱的《琵琶行》中，就以昆曲为基础底蕴，参照了《夕阳箫鼓》、《春江花月夜》的意韵，又吸收了越剧清板的表述手法，同时糅进了秦腔的风格，总体把握上柔中寓刚，清新明快，既新鲜又不失高雅格调，非常受人欢迎。

1964年，毛泽东关于文艺工作的两个批示发表后，舞台上的“才子佳人”和“帝王将相”就逐渐减少了，“文革”期间就从舞台上彻底地消失了。那个时候，人们只能听，只能唱样板戏。如果谁要是偷着唱偷着哼传统戏，被人发现或被人揭发，那绝对是罪过。

只有毛泽东能改变这个状况。

到“文革”后期，到毛泽东晚年，他再次想起了他非常喜欢的诗词和传统剧目，想起了这些被“打倒”的宝贵的人类文化遗产。

我无法推测毛泽东当时是如何想的。在1975年，在全国还在进行“文化大革命”的时候，以“内部”和“秘密”的方式，集中最优秀的艺术家进行传统优秀剧目的录制在当时绝对可以说是一个“信号”。客观上，为保留这些优秀传统剧目起到了极其重要的作用。同时，也在一定程度上保护了许多当时被戴上“文艺黑线人物”帽子，或已被迫改行从事其他工作的艺术家们。像我的老校长俞振飞和我的同学岳美缇等就是直接从“牛棚”和工厂来到北京参加这个任务的。

虽然参加录制任务的这段时间并不长，但对我来说，别具一番意义，它使我丰富了自身的艺术修养。回过头来看，如果公允地评价它的话，这段经历使我在以后的艺术观念上有较大转变、艺术视野有更大拓展，艺术表现力上也得以锤锻。

相信许多当年曾参与过这项工作的人，他们的感受和蔡瑶铣是一样的。20世纪80年代后，被禁闭了多年的传统剧目和众多艺术家们又得以重返舞台。

2003年,在毛泽东诞辰110周年之际,由中共中央文献研究室、中共江苏省委、中央电视台联合摄制的20集大型电视文献纪录片《独领风骚——诗人毛泽东》第16集《故园寄思》中,再次提到了这段往事,提到了晚年的毛泽东听了由蔡瑶铣演唱的《琵琶行》之后那"此时无声胜有声"的心情。

抚今追昔,物换星移,感慨万千。事情过去了近40年,但江州司马那六百一十六言的千古诗句,"转轴拨弦三两声,未成曲调先有情",伴随着"水泉冷涩弦凝绝"、"大珠小珠落玉盘"的琵琶之声仍久久在回响着……

第六章 “北上”记忆

人们把昆曲称为“幽兰”。默守一方清贫，用纯粹的开放，装点阳光下的芬芳。淡淡的兰香，幽幽地飘送，把繁华抛却，任风云变迁，不在乎被赏识，在无人知晓的时辰，总是静静地绽放。静谧中的娴雅，淡泊从容的生命，却含蓄地诠释人生的真谛。

申城，黄浦江。黄浦江水，时清时浊。
蔡瑶铣是喝申城黄浦江的水长大的。

但是，1979年8月，我，一个在上海生活了36年的人，却要离开我非常熟悉、非常热爱又非常想念的上海。离开我在上海的家、我的父母、我的亲戚。离开我的朋友、我的同学、我的同事……

1979年，蔡瑶铣做出了她人生一个重要决定：“南燕北飞。”离开上海，到北京去。那年蔡瑶铣36岁。

离开上海的原因是多方面的，主要一个是我于1976年在北京组成了自己的家庭。

奔波多年，一晃30多岁了，在那个年代，算是"彻底"的晚婚者了，如再不结婚，恐怕个人问题就会发生危机。

于是，蔡瑶铣结婚了，时间是1976年，时年33岁。

她的爱人叫马树铭，比她大3岁，蔡瑶铣和他是在北京为毛泽东录制诗词时认识的。他当时在录音录像组，是中国歌剧舞剧院二胡演奏员。马树铭毕业于中央音乐学院民乐系本科，毕业后下放搞"四清"。1964年，他随团赴越南进行慰问演出，他表演的是二胡和相声。受他哥哥著名相声演员马季的影响，马树铭从小也喜欢相声，后来到了专业文艺院团，相声成了他的副业。

当时越南的形势已经很紧张了。1964年8月2日。美国声称美海军遭到越南民主共和国海军的袭击，于是调兵遣将，从台湾海峡和香港调了大批舰艇，云集到越南领海附近。8月4日夜，北部湾雾海漫漫，能见度很低，美国军舰又一次进入越南北方领海，两军交上了火。消息传到美国国内，时任美国总统的约翰逊马上召开了紧急会议，并在电视上发表演说，说他已命令美军轰炸越南北方。8月5日，美国出动大批飞机疯狂轰炸、扫射越南北方。越南军民奋起还击。这就是震惊世界的"北部湾事件"。这个事件导致了长达13年美国对越南全面的战争介入，也是我国继五十年代援越抗法之后全国上下大规模援越抗美的开始。

他从越南回来后，就赶上"文革"，然后是去"干校"。1976年和我一样，被调到录音组参加为毛泽东录制诗词的工作。当时录音录像组的乐队有一个中国歌剧舞剧院的琴筝瑟乐器改革小组，他在这个小组拉二胡。这个小组的任务是为我们演唱诗词的演员伴奏，我们在这里就这样认识了。

他们从恋爱到结婚都比较简单，当时主要是看"政治表现"。因为她和他都能参加这个被认为是非常"秘密"的政治任务，所以都很信任对方。

后来，经过了解，老马祖籍是天津人，兄妹4个人，全是在解放前出生的，父亲去世早，家里全靠母亲一人维系，日子比较清苦。解放后，他一直念到中央音乐学院毕业很不容易。参加工作后，在业务上很努力，为人也忠厚老实。

他是搞民族音乐的,我是搞传统戏曲的,有共同的爱好,这些无疑都是当时恋爱结婚最重要的条件。

马树铭介绍他兄妹情况时,蔡瑶铣才知道他哥哥是马季。

马树铭是四个兄妹中最小的。由于父亲去世早,为了生活,兄妹几个很小就出去“打工挣钱”。大哥马树梁在天津学徒打工,妹妹马淑珍很早就去上护校,而二哥马季(原名马树槐)在1946年托一个远房亲戚带着远去上海学徒打工。当时马季13岁,在上海宏德织造厂学了5年,解放后回到北京,进了新华书店。新华书店青年人多,每逢周末,工会都举办舞会或联欢活动,为的是消除疲劳,活跃气氛,让大家尽情领略生活的快乐。作为联欢活动中的积极分子,马季如鱼得水,大展其才,不是唱京剧,就是模拟丑角表演,当然,最拿手的还是相声。有时,他集过去所学之大成,把相声和戏曲穿插在一起,又逗又唱,戏之为“杂凑”。1956年初,北京市举行工人业余曲艺观摩会演,马季参赛的节目是相声《找对象》,并荣获一等奖。就是在这年,马季正式进入中国广播说唱团,成为专业相声演员。

当我得知马季早年在上海学徒,特别是在上海宏德织造厂学过徒很是惊奇!因为我是上海人,我的父亲学的也是纺织,搞的也是纺织。这时,我有种说不出来的感觉,感觉这档婚事极有可能成了。后来细想,我能和马树铭谈恋爱一直到结婚,是不是与马季早年在上海宏德织造厂学过徒有点关系。因为一个上海,一个纺织,可能就足以让我先入为主对马树铭产生好感了吧。可见,上海在我心中的地位,父亲在我心中的地位。

上海宏德织造厂当年在上海专门织造“德”字牌的枕套和台布,规模并不大。后来,宏德织造厂在上海著名的永安百货公司开了个柜台,而马季就在这个柜台里卖了几年枕套和台布。重要的是马季在这里学会了上海话和许多“南腔北调”的方言,了解了许多人情世故,这为他以后说相声打下很好的基础。当时柜台里还有台收音机,20世纪40年代收音机在大上海已经比较普遍,内容主要是戏曲和当时的所谓的流行歌曲。

其实我也很喜欢曲艺,我知道马季的名字,听马季的相声是在五六十年代,当时的娱乐主要是听收音机,而收音机里主要的娱乐节目就是相声了。所以,从某种意义上说,我也是听马季的相声长大的。如1958年的《英雄小八路》,1959年的《找舅舅》,1961年的《登山英雄赞》,1963的《画像》,1964的《三比零》等都有很深的印象。

"文革"中,除了样板戏外,能够在收音机里放的也就是为数不多的相声了。1973年后,马季被"解放",那时还没有恢复传统相声,相声界的老艺术家也都靠边站了。尽管如此,马季根据"三突出"原则创作和演出的《友谊颂》、《山鹰》和《海燕》等相声,传播着那个年代仅有的笑声。

那时我在"样板团",穿"板服",吃"板饭",演"板戏",从早到晚都是"样板",都是"政治",一天下来精神非常紧张,结果听相声就成了缓解压力的办法之一。从此,马季成了我最喜欢的相声演员。更没想到的是,1976年,我竟然和他的弟弟结婚了,这下可好,以后听相声倒方便了。

1976年9月8日,蔡瑶铣和马树铭举行了结婚仪式,房子是乐改小组借用的原中央美术学院二号楼的一间办公室,在王府井原老东安市场的后面。没想到,第二天,9月9日,突然听到了广播,毛主席逝世了。极度悲伤之际,夫妇俩赶紧把房子里所有的喜字全拆了下来,把屋子里所有鲜艳的大红颜色也都全换了。

突然的变化一个接着一个。

毛主席逝世也标志着录音录像任务的彻底结束。

录音组解散,蔡瑶铣回到了上海。而马树铭则留在北京,仍在中国歌剧舞剧院工作。夫妻开始两地分居。

1976年10月,"四人帮"被粉碎。于是,我们这些参与录音的主要人员被通知待命接受"审查"。主要是审查和"四人帮"有什么关系。当时我很坦然,有些人认为我搞了那么多年"样板戏",又搞了两年的录音工作,见过江青,就认为我有什么问题,这个我非常理解,因为对我来说,这确实是一段很特殊的经历。于是我把在录音组期间记的日记全交给了审查组。到录音组的这两年,我开始每天记日记,把每天的工作内容记录下来,本来的目的是为了更好地工作，没想到却成了能够说明我那段时间里都做了些什么的最重要的依据。审查来，审查去，最后结论是，我没有给江青写过一个字，所谓的“效忠信”与我没任何关系。

很快审查结束了，但蔡瑶铣却一下子变得无所事事。

1977年6月，蔡瑶铣的女儿马澜出生了。

从1976年10月开始到1979年我调到北京北方昆曲剧院工作为止，这段时间是我事业低谷时期。

蔡瑶铣茫然了。

当时我原来的工作单位上海青年京昆剧团早已经撤销，1978年上海昆剧团成立，我们在上海戏校毕业的昆大班的同学都去了这个新单位工作。当时上海市委宣传部部长车文毅也希望我去。车文毅很喜欢昆曲，他希望我留在上海，还说要把马树铭调到上海。于是，我在1978年到上海昆剧团报到。当时上昆正在搞《蔡文姬》，我担负了给剧目配唱的任务，这几段唱是傅雪漪作的曲，他指定要我来唱，在上昆期间，我还排了个小戏，是现代戏，叫《燕归来》。

对蔡瑶铣来说，当务之急是解决两地分居的问题。因为马树铭的工作单位在北京，她自己也想换个环境，也因为新成立的上海昆剧团人才济济，如果她留下，对自己事业的发展不一定有利。

我在《海港》剧组时，有一个叫张竞红的演员，她的母亲正好在中国戏曲学院导演系任书记，她的父亲叫张东川，在延安鲁艺时期和阿甲、崔嵬、成荫等合作演过许多剧目，是延安老干部，出版过《张东川剧本评论选集》，当时任中国京剧院院长兼党委书记。我到北京演出时，经常到他们家去，和她父母关系很好，当他们知道我希望到中国戏曲学院导演系工作时，表示愿意帮助我。于是我开始准备办理各种手续。

蔡瑶铣喜欢导演工作的想法还是在《海港》剧组里和谢晋导演接触后产生的，那时谢晋是电影版《海港》的导演之一。

我天天和他在一起研究剧本、唱词、表演、身段、感觉等。谢导水平很高，知道得也多。我那时刚从学校出来不久，舞台实践以及生活经验都不足，谢导就手把手教我，当时我就想，将来如有机会，我也要学导演，本来演员就是吃青春饭的嘛。

《海港》创作组集体合影，前排右一为蔡瑶铣，后排左一为谢晋

中国戏曲学院的前身是中国戏曲学校。中国戏曲学校成立于1950年1月28日，当时的名字叫文化部戏曲改进局戏曲实验学校。1955年1月，定名为中国戏曲学校。1978年改制为大学，更名为中国戏曲学院。当时第一任导演系系主任是李紫贵。李紫贵是中国戏曲第一代导演，演员出身，工武生。解放前，曾在“四维戏校”导演过《江汉渔歌》、《金钵记》、《武则天》和《琵琶行》、《梁红玉》、《陆文龙反正》等戏。1950年成立的文化部戏曲改进局戏曲实验学校就是在“四维戏校三分校”的基础上成立的，当时田汉兼任校长，李紫贵为教务主任。

李紫贵1961年在上海给我们上海青年京昆剧团排过由田汉编剧的《白蛇

传》，对我的业务情况比较了解。他在得知我希望到中国戏曲学院后说，中国戏曲学院是新成立的单位，目前比较缺人，希望能有演员经历的人来学导演，如果我同意，准备先送我去中央戏剧学院进修一年，然后到中国戏曲学院导演系学习工作。我想，当导演挺好的，既没离开本行，又是一个可以干长久的事业，还能解决两地分居的问题，于是我主动和他们联系。

就在蔡瑶铣准备调到中国戏曲学院时，北京市突然发商调函要她到北方昆曲剧院来工作。

原来我为毛主席录制的《琵琶行》被时任北京市委书记的林乎加知道了。据说我们当时为毛泽东录制的诗词每份都做了 6 套，一套送主席，一套送总理，一套送江青，其余几套送当时的文化部和上海市委。粉碎“四人帮”后，留在上海的那套被到上海主持工作的苏振华听到了，他非常喜欢，于是，就在这些老干部中间传开了，因为林乎加在浙江和上海都工作过，也喜欢昆曲，知道后，就向上海市委宣传部部长车文毅要这套录音。

林乎加“文革”前曾任浙江省委负责人，分管农业。在粉碎“四人帮”后曾任上海市委书记，后任天津市委书记。在天津市委书记的任上还不到 4 个月，即 1977 年 10 月粉碎“四人帮”一年后，中央决定让他到北京市任市委第一书记。在不长的时间里，林乎加把当时的 3 个直辖市都走了一遍，这很少见。

我当时并不认识林乎加，但林乎加知道我，是因为他在“文革”前任浙江省委负责人时就喜欢昆曲。因为浙江有很深的昆曲传统，人们熟知的昆曲《十五贯》就是出自浙江。于是车部长告诉我说林乎加想要我的《琵琶行》录音带。当时我在上海，手里也没有录音带，我就告诉在北京的马树铭，让他马上到中央人民广播电台去复制一份《琵琶行》送到林乎加那里。就这样，林乎加见到马树铭后，才知道我的爱人在北京工作，而我还在上海。于是林乎加说北京有个北方昆曲剧院，刚刚恢复，急需优秀演员，希望蔡瑶铣到北京来，这样还可以解决两地分居的问题。

林乎加说办就办，马上通知北京有关方面给上海发调令，上海市委宣传部当时没想到蔡瑶铣要到北京去工作，知道她唱得好，不想放她走，想把马树铭调到上海来，看到北京的调令先到了，没办法，上海市文化局只能同意放人。

蔡瑶铣到北京后，中国戏曲学院的调令也下来了，但晚了，蔡瑶铣已经到北京市文化局报到了。

当时北方昆曲剧院并不知道我要来，还是一次北昆在中央音乐学院演《晴雯》，林乎加去看，他跟当时北昆的负责人说要给你们调一个人时，北昆这才知道我要到北昆来。

蔡瑶铣对北方昆曲和来自北方的昆曲艺术家的认识，最早是在1956年她在上海戏曲学校看“南北昆曲会演”时。

1956年9月，要举行南北方昆曲会演的消息传至北京，北京的昆曲家们奔走相告。

11月3日，以团长金紫光为首，来自中央实验歌剧院的韩世昌、白云生、侯永奎、马祥麟，来自总政文工团的侯玉山，来自中国评剧院的沈盘生，来自中国京剧院的傅雪漪，来自北京的徐惠如、叶仰曦，来自天津的景和顺，来自武汉的孟祥生、侯炳武，以及来自中央实验歌剧院及中国戏曲学校的青年演员丛兆桓、李淑君、崔洁、侯长治、孔昭、林萍、张兆基等，共41人组成的北方昆曲代表团赴上海参加“南北昆曲会演”。代表剧目有韩世昌的《游园惊梦》、白云生的《拾画叫画》、侯永奎的《林冲夜奔》、侯玉山的《钟馗嫁妹》、马祥麟的《昭君出塞》等。

金紫光是延安时期的文艺工作者，会拉京胡，会唱京剧，还懂民族歌剧。1939年他在延安导演了冼星海著名的《黄河大合唱》。1943年他又在延安组织演出了著名京剧《逼上梁山》，在该剧中饰演主角林冲。金紫光在延安亲耳聆听了毛主席《在延安文艺座谈会上的讲话》。1947年金紫光参与了新歌剧《兰花花》的作曲与导演工作，是民族新歌剧的先驱者之一。新中国成立后，著有《伟大的长征》、《延安文艺丛书戏曲卷》、《延安文艺丛书歌剧卷》、昆剧现代戏《红霞》等。他参与创办了北京人民艺术剧院、中央戏剧学院、中央实验歌剧院。1957年北方昆曲剧院建院时，韩世昌任院长，金紫光任第一副院长。

那次“南北昆曲会演”非常成功，轰动上海。

关于那次演出的盛况，在著名翻译家傅雷先生所著的《傅雷家书》中有很生动详细的记载：

一九五六年十一月七日

……

这里自十一月三日起，南北昆曲大家在长江大戏院作二十天的观摩演出，我们前后已看过四场，第一晚是北方演员演出，最精彩的是《钟馗嫁妹》，是一出喜剧，画面美观而有诗意，爸爸为这出戏已写好了一篇短文章，登出后寄你看。侯永奎的《林冲夜奔》，功夫好到极点，一举一动干净利落，他的声音美而有 feeling(感情)，而且响亮，这是武生行中难得的。他扮相、做功、身段，无一不美，真是百看不厌。白云生、韩世昌的《游园惊梦》也好，尤其五十九岁的韩世昌，扮杜丽娘，做功细腻，少女怀春的心理描摹得雅而不俗。第二晚看《西游记》里的《胖姑学舌》，也是韩世昌演的，描写乡下姑娘看了唐僧取经前朝廷百官送行的盛况，回家报告给父老听的一段，演得天真活泼，完全是一个活龙活现的乡姑，令人发笑。一个有成就的艺术家，虽是得天独厚，但也是自己苦修苦练，研究出来的。据说他能戏很多，梅兰芳有好几出戏，也是向他学来的。南方的演员，我最欣赏俞振飞，他也是唱做俱全，一股书生气，是别具一格的。其余传字辈的一批演员也不错。总之，看了昆剧对京戏的趣味就少了。……[1]

傅雷先生是上海人，从事西方文学翻译工作，一生翻译过很多西方著名的文学作品。傅雷先生酷爱西方古典音乐，家教甚严，从他给儿子傅聪的这封信中可以看出他对昆剧是多么地热爱。

现在回过头来想，这些北方昆曲的老艺术家们当年的表演真是炉火纯青，令人赞叹。

从此蔡瑶铣牢牢记住了韩世昌、白云生、侯永奎、马祥麟、侯玉山等北方昆曲艺

[1] 傅雷：《傅雷家书》，生活·读书·新知三联书店出版社 1981 年 8 月，第 148—149 页。

术家的名字。

韩世昌是男旦，已经是60岁左右的老艺人了，而且还是男演女，却那样地富于青春的力量，特别是“六旦”（即“贴旦”）演得最为成功。他演《闹学》里的春香，完全是“花面丫头十三四”的举止。老师要春香背书，春香就拨动着身体不肯背，趁老师不防备的时候，还抽出老师笔筒里的两根签子来玩“竹板书”，老师找鞋子找得时间久了，偷脱鞋子的春香就憨笑着将鞋子掷还老师。这些动作让当时这些还是孩子的上海市戏曲学校昆班的小演员们都看得哈哈大笑，使劲拍手。他演《拷红》里的红娘，也很天真。在老夫人面前，虽然惧怕，却能大胆直言，数说老夫人赖婚的不是；能表现出这种侠义的行为，却不失为一个顽皮的小姑娘，要她跪，她就撅嘴，像挂油瓶似的；临下场时，还学老夫人的声说“罢了”。他演《学舌》里的胖姑，与王留争吵，相骂相打，也活画出女孩的娇憨。但是，韩世昌不仅能够表演年轻的女孩，也能够表演各种类型的女性。他演《刺虎》里的费贞娥，充分地表现了“两面脸”，那就是当着李过的面，含笑相迎，背过脸来，立刻就是眉宇间一团杀气，满腔的怨恨，都在面部表现出来了。他演《断桥》里的白素贞，与许仙相会时，能够表达出又爱又恨的复杂心理，心情是沉痛的，他不带一点轻浮，能够恰如其分地掌握白娘娘的身份。他演《游园惊梦》里的杜丽娘，又能在将入梦时传达出春困的情态；他演《梳妆跪池》里的柳氏也不曾把妒妇简单化，柳氏与陈季常言明，狎妓须打藜杖一百下，及至陈季常果然狎妓，作为妒妇的柳氏却并未执行重罚，只是罚陈季常跪在池边，还递给他手帕，韩世昌就能够很有分寸地从面部曲折表达那种又恨又爱的心理。他演《痴梦》里的崔氏又能表现出悔恨的心情。韩世昌能够体会各种妇女的性格，所以才能够作多样性的扮演。

白云生是小生，他对于昆曲的表演艺术极肯钻研。蔡瑶铣后来读过他的文章和讲稿，觉得他是有意想将表演艺术整理出一个体系来，这是非常有价值的工作。他在实践上也的确能够结合理论，表演非常出色。白云生演《叫画》是最出色的。一个人在台上演独角戏，能够不使人困倦，这就有很大的魅力。他表现了柳梦梅的痴情，对着画说话好像对着活人说话一样。他说：“小生走到这边，她也看着小生。”他走到那边，又说：“小生走到那边，哪哪哪，她又看着小生。”他拿着画，先喊“小娘子”，再喊“美人”，最后喊“俺的嫡嫡亲亲的姐姐吓”，有层次地逐渐从声音中表现出情感的热烈。最后还体贴地说：“这里有风，请到里面去坐。”又谦让地说：“小娘子是客，自然小娘子请啊，如此末并行，请吓，请。吓，来呀，哈哈哈！”他平举右臂,像拥抱着美人似的悬空地平举着画缓缓地下场的。白云生的表演给蔡瑶铣留下很深的印象。

侯永奎是武生,演红生关羽。天赋一个好嗓子,在极繁重的动作中,能够连唱带做,不喘气,不嘶哑,可说是声如金石,非常响亮爽脆。他的武功也是卓越的。侯永奎只要一出场,站着不动,也能使你感到他是身材高大、相貌英俊的堂堂男子汉。无论造型、武功和唱腔,都能令人满意。每每武生长于武功的,未必长于歌唱,有时形象也未能相称,他却兼而有之,可说是个全才。他最受欢迎的戏是《夜奔》,他的《打虎》也很好。《水浒》里的描写,经他一表演,诸如抓着虎头捶下去或是抓着虎尾,就都栩栩若活。《闹昆阳》表现贾复英勇地完成了送信的任务,使人很是感动。《夜巡》和《倒铜旗》是北昆所独有的戏,前者有用棍子将人挑起的特技。他演《单刀会》,极显出关羽的威仪。

侯玉山是净。他所演《嫁妹》中的钟馗和《火判》中的判官,口中吐火是罕有的特技。花脸是可怕的,他却能演得非常妩媚,使人喜爱,看了以后,晚上准不会做噩梦。《激良》里的孟良以及钟馗、火判,莫不如此。他在《嫁妹》和《坐山》里都能一跃上椅,像盘杠似的,身体侧横在椅上,技术难,姿态也很好看。其他像《下书》里的惠明和《功宴》里的铁勒奴,就又是一种性格,坚强而不肯认输,又富于正义感。

马祥麟也是男旦。他演《出塞》的昭君身段繁复,演《借扇》的铁扇公主武打火炽,都是他的长处。

魏庆林是老生。他演《饭店》中的周羽演得颇为细致,《搜山打车》里的程济也演得恰合身份。特别是他的唱腔苍劲悲凉,最为动听。

此外如武生白玉珍的《出潼关》、旦角李凤云的《惠明下书》等,也都有精彩之处。

我当时在上海戏曲学校学习,刚从香港回来的俞振飞和学校"传字辈"朱传茗、沈传芷、张传芳等部分老师代表南方团也参加了这次演出,机会难得,学校也组织我们学生观摩,一口气看了那么多南北昆曲的精彩演出,非常过瘾。这是我是第一次看北方来的昆曲艺术家们的演出,也是第一次了解北方昆曲,更是第一次集中看那么多昆曲剧目,这对我们专业学昆曲的学生来说,如同一下掉进蜜罐,整天乐得嘴都合不上。

和傅雷先生说的一样，给蔡瑶铣印象最深的就是昆曲大师韩世昌演的《胖姑学舌》。尤其是韩世昌一出场时那个透着纯真的眼神，给她的印象极深。一个20多岁活泼天真的小花旦，竟然被一个近60岁的男人演得如此出神入化，如此让人不可思议，艺术真是太神奇了。

后来，蔡瑶铣知道了韩世昌的身世。

韩世昌出生于1898年3月，河北高阳县河西村人。这个高阳县还为戏曲贡献了两个伟大的戏曲艺术家，一个是齐如山，另一个是盖叫天。解放后，在北方昆曲剧院，和韩世昌、白云生、侯永奎共同撑起北方昆曲大旗的侯玉山、马祥麟也是高阳县河西村的。

韩世昌12岁入乡村戏班，以唱高腔为主。高腔粗犷豪放，和弋阳腔不同，高腔戏的伴奏有铙钹。后来，这个戏班加入了“庆长社”，老板算是个小财主，有点钱，叫侯瑞春，唱武旦的。在这里韩世昌向韩子峰、化起凤学了不少红净和武生戏，又和醇王府里的荣生学旦角戏，《胖姑学舌》就是向荣生学的。再后来，向邵子墨学武丑戏，如北方昆曲特有的《嫁妹》、《火判》等。还和郭凤鸣学了花脸戏，如《山门》等。韩世昌的昆曲主要是向吴梅先生学的，曾正式拜吴梅为师。

吴梅是苏州人，1905年起先后在东吴大学堂、东南大学、金陵大学等任教，首倡“曲学”并施以教学，是大学戏曲音乐课的开拓者。他当时在北京大学教书，和蔡元培关系密切，韩世昌向吴梅学的第一出昆曲是《拷红》。当时北大的吴梅和蔡元培对推广昆曲起到很大作用。蔡元培甚至说过“宁捧昆，勿捧坤”的话。在吴梅和蔡元培的影响下，北大成立了以韩世昌为中心的“北大六君子”曲社。还给韩世昌起了个别称，叫君青，取自“君山一发青”之义。

1919年，韩世昌第一次到上海演出，第一出戏是《游园惊梦》，韩世昌饰杜丽娘，马凤彩（马祥麟之父）饰柳梦梅。1920年，韩世昌开始学京剧。老师是马蕙林，还拜过被称为“老夫子”的陈德霖为师。韩世昌和梅兰芳、程砚秋、高庆奎、郝寿辰等京剧名家都合作过昆曲。韩世昌1928年到日本演出长达40天。回国后，到天津、济南、开封、汉口、长沙、南京、上海等6省巡演。这是解放前北方昆曲最大规模的一次到南方演出。1938年后，韩世昌在北京国剧学会教昆曲。1948年后，在北京昆曲学会教昆曲。

韩世昌是北方昆曲的一面大旗。他不仅艺术高超，而且德行秉厚。1926年4月26日，被毛泽东称为“铁肩担道义，妙手著文章”的著名报人邵飘萍被军阀杀害。邵飘萍从1909年为上海《申报》写第一篇稿件开始，就猛烈抨击黑暗的军阀统治，坚持言论、新闻、出版自由，是中国百年新闻史上最光彩夺目的报人之一。此次邵飘萍被害，酿成了著名的"四·二六"惨案，这一天也被称做是"民国史上最黑暗的一天"。当时邵飘萍横尸在北京天桥街头，无人敢去收尸，是韩世昌和侯瑞春等人冒着生命危险殓葬了邵飘萍，并帮助家属料理了后事。

面对韩世昌精湛的艺术和正直的为人，我崇敬之心油然而生。也就是打那时起，我对北方昆曲的这些开拓者们有了更深一步的了解与认识，也开始对北方昆曲剧院有了一定的了解。

数十年之后，我对北方昆曲剧院成立的前前后后有了更进一步的了解，实际上很复杂，牵扯到当时的政治环境。

韩世昌在参加南北昆曲会演之时，就已经从文化部部一级领导那里得到了非常准确的保证信息："成立一个北方昆曲团体已经不成问题了。"

成立北方昆曲剧院，起因于1956年浙江"国风苏昆剧团"到北京演出的一出昆曲传统戏《十五贯》。1956年，《十五贯》到北京演出，毛泽东、周恩来等党和国家领导人观看了演出，戏剧界、文化界、知识界等纷纷称赞。文化部、中国剧协等纷纷召开座谈会。在毛主席充分肯定的基础上，对《十五贯》的宣传和肯定逐步升温。

1956年4月19日和5月17日，周恩来总理分别就《十五贯》发表两次谈话。在4月19日的讲话中，周总理给予《十五贯》高度地肯定。从总理的二次谈话中，人们已经非常明显地感到，中央已经在认真考虑成立国有专业昆曲院团的问题了。1956年5月18日人民日报立即根据总理二次讲话的基本精神，发表了题为《从"一出戏救活了一个剧种"谈起》的社论。

《人民日报》社论的发表，使全社会对昆曲的重视达到了前所未有的程度。

《人民日报》的社论是1956年5月18日正式发表的。这个日子成了建国以后昆曲历史上一个重要的日子。然而更为重要的是，事隔整整45年后，2001年5月18日，联合国教科文组织正式授予中国昆剧为"人类口头及非物质遗产代表作"的称号。历史竟然这样地巧合，都在这一天。同时，历史也证明了这个社论的历史意义，尽管用了漫长的45年。

就在当时那样的情景下，很快，原来是民间戏班体制的浙江国风苏昆剧团改制为国有浙江昆剧团。这在南方是第一家。

显然，比起南方，当时北方的情况似乎要好些：一是"近水楼台先得月"，二是有"中央的支持"，三是调配力量有着"优越条件"。这个"优越的条件"就是指解放前大批的流落在民间的昆曲老艺人和新中国培养的第一代专业演员都聚集在当时的北京人民艺术剧院、中央实验歌剧舞剧院、中央戏剧学院等专业团体和院校里。

可是，北方昆曲代表团回京后，一个月过去了，两个月过去了，三个月、四个月过去了，没有任何动静。一直到转过年的1957年，北方昆曲在建院工作上遭遇到很大的困难和阻力。这一年正是"大鸣"、"大放"和"整风"的时候。

1957年5月16日，这一天是北方昆曲剧院建院前的一个重要而特殊的日子，应该记载在北方昆曲剧院的历史上。没有这天，也许北昆的历史就会改写。

就在这天，在北京王府井大街64号一楼会议室，为了贯彻党所提出"百家争鸣"、"百花齐放"的政策，使大家能广泛表达和交流意见，特别是能使参加建院工作的各位昆曲家有机会倾吐他们的心头话，中国戏剧家协会所属《戏剧报》编辑部给了首都昆曲界一个"鸣"和"放"的机会。

参加座谈的是负有北方昆曲剧院建院之任的韩世昌、白云生、金紫光、侯永奎、马祥麟、白玉珍、侯玉山、魏庆林、傅雪漪、高景池、叶仰曦，以及该院的部分青年演员李淑君、丛兆桓、孔昭、梁寿萱等，还有北京市的业余昆曲研究与爱好者俞平伯、张伯驹、伊克贤、袁敏宣、钱一羽、周铨厂、张琦翔、刘厂一、张允和、张定和等，昆曲老前辈沈盘生也参加了会议。

特别一提的是康生也参加了这一座谈会。当时康生的身份是"中央理论小组"和"中央宣传小组"的负责人。

座谈会由中国戏剧家协会秘书长李超主持。他首先着重说明最近以来戏剧界在"鸣"、"放"中所表现出来的积极因素和力量，他鼓励大家消除顾虑，大胆地"鸣"和"放"，他说："阻力是抵消不了'鸣'和'放'的。"

首先"鸣放"的是张伯驹先生。他在发言中说：昆曲在过去很流行，所谓"家家收拾起，户户不提防"，这在五十年前尚如此，但现在是衰退了。衰退的原因很多，缺少提倡，人们对它缺乏理解是重要原因。他接着说：现在青年人不懂得中国遗产，其实昆曲在文学史上有着重要地位。应该成立昆曲院，多与群众见面。伏老（指法国启蒙思想家伏尔泰）能背白居易的诗，但中国人却不会，这是一个笑话。

昆曲在我国韵文上是承上启下的。昆曲要挖掘旧的，但还要创作新的剧本。所有剧本完全可以开放，所以大家可以大胆地“放”。

俞平伯先生继起发言，谈到了昆曲的流派问题。流派并不等于宗派，牡丹花是有多种多样的，有红牡丹、白牡丹，也有黑牡丹。这是因为昆曲流行的地域不同，语言的区别等所形成的。北方人不可能用苏州音来唱昆曲，这就自然不同；南、北有不同，即在南方也有许多不同，如苏州的昆曲与嘉兴、无锡的昆曲就有不同；浙江的昆曲也有好多支派；这与北方有京昆、高阳昆之分是一样的道理。

张伯驹和俞平伯发完言后，北昆的韩世昌、白云生、侯永奎、马祥麟、侯玉山、傅雪漪等以及北京曲社的曲家等都争先恐后发言，会场掀起了高潮。

现在回过头看，这次的座谈会虽然加速了北昆的建院工作，但与会者却为此付出了沉重的代价。1958 年后，张伯驹、俞平伯等先后被打成“右派”，金紫光、白云生等靠边站，1959 年，北昆党组织改组，成立中国京剧院和北昆联合党组织，马少波任联合党组书记。而到 1963 年，北昆的昆剧《李慧娘》更是受到了前所未有的猛烈批判。

1957 年 6 月 22 日，北方昆曲剧院正式成立。建院大会是在东四老文化部院内小礼堂举行的。成立的这天离座谈会召开的日子过去了 37 天。

成立大会非常隆重，国务院副总理陈毅、文化部部长沈雁冰（茅盾）、文化部副部长钱俊瑞和郑振铎、中宣部副部长周扬、中国剧协主席田汉和副主席梅兰芳等参加并讲话。

上海戏校副校长言慧珠参加了北方昆曲剧院成立大会，并代表俞振飞校长、周玑璋副校长向北昆送了写有“发扬古典艺术，绵延雅音流传”的贺词。

北方昆剧院就这样轰轰烈烈地成立了，当时隶属文化部，属中央直属文艺院团。

> 我当时还在上海戏曲学校学习，全国的昆曲热让我们这些第一批学昆曲的学生也感到前景一片光明。也让所有解放前过来的昆曲老艺人们热泪盈眶，感到昆曲大有希望。

现在，许多人都认为当初是《十五贯》揭开了昆曲“春天”的大幕，使解放前已经衰败的昆曲得以“新生”。从表面上看是这样，但从总理的讲话中，从当时的历史背景看,显然毛泽东考虑得更远。

毛泽东对昆曲并不陌生。毛泽东好戏不倦,尤以昆曲为甚,这与毛泽东酷爱中国文化,有很高的文学与历史修养是分不开的。

早在1918年,怀着追求真理愿望的毛泽东自湖南赴北京,在当时的北大图书馆当图书管理员,那时,北京是全国戏曲的中心之一,各地的昆弋班社纷纷来京上演昆曲,一时间北京有名的大戏园子昆曲演出顿见兴旺。

以北大蔡元培、吴梅等专家学者为代表的教育界、知识界也连篇发表文章和观后感赞美昆曲,一致认为昆曲艺术是集文学、历史、音乐、舞蹈、美学等门类集大成者,是文人“造”出来的艺术。这对喜欢古典文学特别是古典诗词的毛泽东产生了很大的影响。

第一次来北京的毛泽东能有机会看到这么多名角演出自然很难得,在家乡他最爱看湖南花鼓戏,但那毕竟是家乡戏,怎比京城大戏。他逐渐对昆曲有了了解,尤其对昆曲优美的唱腔和诗一般的唱词到了迷恋的程度。像韩世昌、白云生、侯永奎等这些昆曲演员的名字及《林冲夜奔》、《游园惊梦》等昆曲名段都给他留下了极深刻的印象。

一晃30多年,从北京出来后,由于战争年代条件所限,毛泽东再也没有机会直接欣赏昆曲,而这段时间的昆曲艺术也由于战争年代的破坏,从盛到衰,解放前夕,几近灭绝。

1950年除夕,北京弥荡着解放后喜庆的鞭炮,中南海怀仁堂里笑语欢歌。

由于全国刚刚解放,还没有现在这么多艺术团体,也没有像现在分得这样细,许多从事戏曲表演的演员都暂时集中到了成立不久的北京人民艺术剧院,韩世昌、白云生、侯永奎等老师也在。除夕,剧院接到通知,说是毛主席亲自请韩世昌、白云生去怀仁堂演昆曲《游园惊梦》,而且点名要“堆花”。

以后一段时间,逢过春节,毛泽东都要看昆曲,1956年至1959年间,他还特意招待来访的伏罗希洛夫和西哈努克亲王看昆曲。边看边作讲解,非常内行。

可以说,毛泽东喜欢昆曲,一方面是个人爱好和为了休息,更重要的一方面是工作和广交朋友。接待伏罗希洛夫来京时,在确定昆曲招待剧目《林冲夜奔》时,有人提出昆曲难懂,毛泽东说:“昆曲听不懂,难道京剧就听得懂吗?昆曲载歌载舞,而且这出戏有积极的政治意义。”《林冲夜奔》演出时,毛泽东与其他中央领导都出席了,当著名昆剧大师侯永奎唱到“管叫你海沸山摇”那一段时,一下把观众带入了特定的悲壮氛围之中，为林冲的悲愤心情所震撼，偌大的怀仁堂里，毛泽东带头起立鼓掌。

毛泽东这时把昆曲看作为政治。

> 一直到后来，从毛泽东晚年要听那些昆曲剧目中，从毛泽东抄录的大量元曲中，我能强烈地感受到，作为一代政治家的毛泽东希冀能够在昆曲这个文化遗产的宝库里找到作为政治家的一些抱负、理想和情操。同时，也让人感受到，一代伟人对祖国传统文化一种依依不舍的高尚情怀。

当然，后来发生的事情，以及昆曲后来的命运，远不是当初想象得那样简单。

在经历了昆曲"大跃进"的年代后不久，昆曲又遭到了"灭顶之灾"。现在，人们都知道，1966 年开始的那场史无前例的"浩劫"是新中国成立以来最大的，也是时间最长的、范围最广的"人造灾难"。

首先是昆曲，一夜之间，竟成了"文化大革命"的导火索。

1961 年 8 月 20 日，北方昆曲剧院新编古装戏《李慧娘》正式在北京公演。演出受到社会广泛的好评。

编剧孟超在《李慧娘》剧本的跋语中，特地说明他改编此剧的思想出发点："不过借此资质美丽的幽魂，以励生人而已。"他说："有人认为李慧娘生前懦弱，死后坚强，虽亦感人动人，毕竟是虚无空幻，寄希望于渺茫，也难免有过屠门而大嚼，聊以快意，无补于现实；但我则终以为生前受尽压迫凌辱，白刃当前，渐露与权奸拼死斗争之机，染碧血，断头颅，授死不屈，化作幽魂，再接再厉，不仅为个人复仇雪恨，且营救出自己心佩情往之裴禹，并以庶黎为怀，念念不忘生活于苦难泥涂之众生，如此扬冥冥之正义，标人间之风操，即是纤纤弱质，亦足为鬼雄而无惭，虽存在于乌何有之乡，又焉可不大书特书，而予以表彰呢。"

对孟超改编这个戏，康生曾表现出分外的热情支持、关切，还曾阅读文稿，提出过不少修改意见。1960 年排演这个戏的时候，康生还多次到剧场观看，曾出主意把李慧娘所戴的蓝色鬼穗子改为红色，并且为剧本改词，把"美哉！少年"叠句的后一句改为"壮哉！少年"。

正式公演之日，康生也亲临观看，深表满意，全面肯定了《李慧娘》的编导、音乐、表演，说它是"近期舞台上最好的一出戏"，称赞孟超"这回做了一件好事"，并指令“北昆今后照此发展，不要再搞什么现代戏”。

这年10月14日晚，康生还请北昆到钓鱼台17号楼上演这出戏，并亲自在8号楼设宴招待孟超和主要演员李淑君、丛兆桓、周万江等。他对孟超和剧院的领导，主要演员进行了长谈，对这出戏连声称赞，说主演裴禹的北昆演员丛兆桓是“政治小生”。

1961年8月31日廖沫沙用笔名繁星在《北京晚报》三版“五色土”专栏上发表了著名的《有鬼无害论》文章，热烈赞扬了《李慧娘》。此后，《李慧娘》一直处于掌声和赞扬声中。

1963年，江青开始插手文艺，风云突变。

1963年3月29日，中共中央批转文化部党组《关于停演“鬼戏”的请示报告》。《报告》中说：近几年来“鬼戏”演出渐渐增加，有些在解放后经过改革去掉了鬼魂形象的剧目又恢复了原来的面貌，甚至有严重思想毒素和舞台形象恐怖的“鬼戏”，也重新搬上舞台。“更为严重的是新编的剧本（如《李慧娘》）亦大肆渲染鬼魂，而评论界又大加赞美，并且提出‘有鬼无害论’来为演出‘鬼戏’辩护。”报告要求全国各地，无论在城市和农村，一律停止演出有鬼魂形象的题材。

《李慧娘》停演并开始遭到批判。

1963年5月6日，上海《文汇报》突然整版发表署名梁壁辉[1]长达一万二千多字的文章，题目是《“有鬼无害”论》，猛烈抨击了北昆的《李慧娘》和廖沫沙的《有鬼无害论》。

1964年6月，毛泽东找《人民日报》总编辑吴冷西谈话，支持了上海文汇报对“有鬼无害论”的批判。毛泽东说：1961年，人民日报宣传了“有鬼无害论”，事后一直没有对这件事作过交代……1964年夏天，在北京举行的全国京剧现代戏观摩演出大会上，康生、江青又对《李慧娘》大张挞伐。

此时，毛泽东对文艺的两个批示在党内开始传达，对《李慧娘》批判的调子陡然上升。同时遭到批判的还有时任北京市副市长吴晗的《海瑞罢官》和时任中国剧协党组书记田汉的《谢瑶环》。

于是，不可避免地，这三出戏成了“文化大革命”的起源，昆曲《李慧娘》首当其

[1] 梁壁辉为笔名，意为“两笔挥”，真名为俞铭璜，原中央华东局宣传部部长，文章写后不久即因病去世。

冲……

《李慧娘》的编剧，原人民文学出版社副总编辑，也是康生老乡和亲戚的孟超被定为“叛徒”，沉冤难雪，抑郁成疾，于1976年5月含恨而逝。此时，离粉碎“四人帮”还有5个月的时间。

《李慧娘》的主演之一，曾被康生夸为“政治小生”的丛兆桓1967年被江青亲自下令以“反革命分子”的罪名关进监狱达8年之久。而《李慧娘》的另一个主演李淑君也被迫写下了《要做红霞姐，不做鬼阿姨》的文章（李淑君在昆曲现代戏《红霞》中饰演红霞一角）。

北方昆曲剧院红红火火才刚刚走过第9个年头后，戛然终止。

1966年，北昆被宣布解散。

昆曲，你为什么如此命运多舛。

有着600多年历史的昆曲承载了太多的不幸和苦难。

为什么苦难选择了一个早已衰落的艺术，而为什么我从小选择了这门艺术。当时，我确实什么都不清楚。

蔡瑶铣当时当然不可能明白，不仅蔡瑶铣不可能明白，绝大部分中国人也都不明白。

当黄浦江的水由浊变为清的时候，蔡瑶铣却要离开了……

我清楚地记得离开上海的那个时刻。1979年7月，上海火车站，我抱着两岁的女儿马澜，就要离开上海了，我心里很不是滋味，我的父亲亲自到车站送我。

在此之前，我多次离开过上海，但他都没有送过我。这次，是他第一次到车站送我，看着父亲那期待的目光，我哭了。父亲的性格很内向，很少在儿女面前流露情感。但这次，我看到父亲的眼睛也湿了。

开车的时间就要到了。

蔡瑶铣的父亲再次抱了抱还不会叫爷爷的孙女马澜，在她的脸上亲了又亲，反

蔡瑶铣与父母、女儿马澜在一起

复叮嘱蔡瑶铣，到北昆后，要好好工作，好好演戏，好好生活，照顾好马澜，有时间回上海看看……

火车徐徐驶出了车站，父亲离蔡瑶铣越来越远。

上海离蔡瑶铣越来越远，而北京离蔡瑶铣越来越近。

在车厢里，我又想起了洪皓《江梅引》的诗句："引领罗浮、翠羽幻青衣。月下花神言极丽，且同醉，休先愁，玉笛吹。"

暂别了，上海。再见了，黄浦江。

我是在1979年7月从上海正式调到北京的。虽然以前大部分时间在上海度过，但北京对我来说也并不陌生。

1959年，建国十周年，我随上海戏校的俞振飞和言慧珠到北京参加庆祝建国十周年演出活动，那是我第一次到北京。

北京给蔡瑶铣的第一印象是很古老，很大。他们在新建成不久的人民大会堂小礼堂里演出。人民大会堂非常气派，从 1958 年 10 月开工建设到 1959 年 10 月，用“大跃进”的速度，不到一年的时间就完成了，他们很可能是第一批在人民大会堂里演出的演员。

人民大会堂里穹隆顶上那 3 圈水波纹暗槽灯，中心镶嵌直径 5 米的红色五角星灯，围以一圈镏金葵花瓣花饰，以五角星象征中国共产党，以葵花瓣象征心向共产党的各族人民，以 3 圈水波纹象征在党领导下从胜利走向胜利的设计造型给他们这些学习艺术的学生留下极深刻的印象。

我们还在新建成不久的民族宫礼堂演了几场。民族宫礼堂很大的，带有很强民族风格，有着道道波纹状的深紫红色的丝绒幕布给我印象很深。

人民大会堂和民族宫礼堂是北京的十大建筑中最有名的两个建筑，这两个建筑里都设计了能够演出的舞台，这两个建筑都是由我国著名的建筑设计大师张镈设计的，我能在这两个地方演出，感到异常高兴。

第一次北京之行给蔡瑶铣留下非常美好的印象。

1961 年，蔡瑶铣随俞振飞和言慧珠再次来到北京，那次是专为拍梅兰芳、俞振飞、言慧珠三人联合出演的电影《游园惊梦》而来。第二次来北京的感受和第一次一样，觉得还是什么都是新鲜的，那次蔡瑶铣去了梅兰芳的家。

梅兰芳的家是一个北京典型的四合院，在护国寺附近，离后来蔡瑶铣经常演出的人民剧场不远。院内有两进院落，有房屋 30 多间。一进大门，迎面是青石砖瓦的大影壁，走进四扇绿色屏门，是一座木质的小影壁，东、西、北三面房筑有穿廊、红漆圆柱和彩绘“蝠缘寿庆”的廊檐。院内的柿子树，几乎占了半个院落。蔡瑶铣记得梅先生屋内有一幅很大的画，是画家陈半丁专为梅先生画的《梅花图》。

1963 年夏天，蔡瑶铣随上海青年京（剧）、昆（曲）、淮（剧）演出团到北京演出，她演的剧目是《昭君出塞》。这是蔡瑶铣第三次到北京。

我印象最深的是当时正值三年自然灾害，全国上下都很困难。我们在北京演出期间每天三顿饭，早上是稀饭，说是稀饭，其实，四分之三是水，即便这样，大家一早起来，都抢着到饭厅去，为的是先捞最底下的米。中午是一个小馒头，我们是南方人，吃面食不习惯，但因为吃得少，肚子饿，根本顾不上爱吃还是不爱吃。菜基本上都是素菜,还以汤为主。在这样的条件下,我们精神还是很饱满,圆满地完成了演出任务。说实在的,三年自然灾害期间,我们在上海的生活条件基本上还可以,没有遇到这次到北京演出时的情况,上海有关方面对我们这些演员还是很关心很爱护的。

1971 年至 1973 年期间蔡瑶铣又两次到北京,是随《海港》剧组到北京演出和拍电影版《海港》。

蔡瑶铣在北京待的时间最长的一次就是为毛泽东录诗词的那次,前后在北京待了 2 年的时间。

1978 年 12 月 18 日至 22 日召开的党的十一届三中全会,无疑像天幕上一道划破长空的闪电,照亮了一个新的时代。在"解放思想,实事求是"思想指引下,思想界、理论界、知识界、科学界、文化艺术界等如沐春风,特别是文化艺术在禁锢了十几年后一下子活跃了起来。传统艺术又重新回到了舞台,收音机里、剧场里、大街小巷里到处可以听到看到许多传统戏曲。许多从事戏曲艺术的新老艺术家和演员们也一下子找到了感觉,当时真可以说是"姹紫嫣红"。

蔡瑶铣就是在这样的背景下来到了北方昆曲剧院。

北方昆曲剧院是 1979 年恢复的。从 1966 年因"文革"被解散,到 1979 年剧院恢复,时间整整 13 年。这 13 年中,原来剧院的演职员绝大部分在"文革"中被分到北京京剧团,参加了《沙家浜》、《杜鹃山》、《山城旭日》等现代戏的排练和演出。其中以现代京剧《沙家浜》为主。还有一部分在"文革"中或被下放到农村,或改行到工厂,或调往其他单位。

物换星移,以韩世昌为代表的北昆老一代艺术家已撒手人寰。韩世昌是 1976 年去世的,白云生是 1972 年去世的,侯永奎是 1981 年去世的,白玉珍是 1973 年去世的,沈盘生是 1974 年去世的,孟祥生是 1977 年去世的。前后不到 10 年,就有数位老艺术家相继去世,给北昆带来巨大的损失。当时还健在的老艺术家如侯玉山、马祥麟、吴向真、陶小庭等也年事已高离开了舞台。20 世纪五六十年代成长起来的当时还算青年的一批北昆演员,在经历了"文革"后也都人到中年了。

人去楼空,我来到北昆,看到这些,深感历史的沧桑和无情,也为没能得到这些我早已景仰的北昆老艺术家们的教诲而深感遗憾。

北昆“文革”前的旦角演员以韩世昌、马祥麟、李淑君为主,青年旦角演员有洪雪飞等。还有顾凤莉和董瑶琴,原来是蔡瑶铣上海戏校的同班同学,1958 年,她们和杭州来的洪雪飞一起被招到北昆培养。

小生演员以白云生、沈盘生等为主,青年小生演员有丛兆桓、许凤山、马玉森等。

武生演员以侯永奎为主,青年武生演员有侯少奎、白士林等。侯少奎是侯永奎的儿子,白士林是白玉珍的儿子。

花脸演员以侯玉山为主,青年花脸演员有周万江等。

老生演员以白玉珍为主,青年老生演员有张兆基等。

丑行以孟祥生等为主,青年丑行演员有韩建成、王宝忠等。

“文革”前,北昆演出了很多戏,如《渔家乐》、《李慧娘》、《千里送京娘》、《文成公主》、《红霞》、《飞夺泸定桥》、《晴雯》、《连环记》、《风筝误》、《奇袭白虎团》、《雷峰塔》、《通天犀》、《狮吼记》、《吴越春秋》等一批代表性的剧目。

从前有个说法,说“文革”前在全国为数不多的专业昆剧团中,北昆是“文革”前长江以北唯一的一个专业昆剧表演团体。其实,北方还有一个河北省昆曲剧团,是 1960 年 3 月 3 日在原保定市京剧团的基础上成立的,简称“冀昆”。这个“冀昆”成立的正式消息发在 1960 年《戏剧报》上。但不知为何这个“冀昆”后来悄然消失了。

其他几个专业昆曲表演团体都在南方,主要分布在上海、浙江和江苏。1961 年上海正式成立了以上海戏校“昆大班”毕业生为主的上海双曲学校青年实验京昆剧团。1978 年成立上海昆剧团,简称“上昆”。浙江昆剧团成立于 1955 年,是在前辈昆曲艺术家周传瑛、王传淞等为主的原民间戏班“国风苏昆剧团”的基础上组建而成的,是全国最早成立的国营昆剧表演团体,简称“浙昆”。1956 年 10 月,江苏省苏昆剧团是在其前身“民锋苏剧团”基础上扩充成立,吸收了部分昆曲艺人参加,兼有苏剧和昆曲两个剧种的表演。1960 年初,因要满足江苏省省会南京演出的需要,从苏州抽调部分人员,又有省戏曲学校评弹班、目莲戏班的部分毕业生加入,组建了江苏省苏昆剧团南京分团,仍是苏剧、昆曲兼演。1972 年南京团回到苏州,与原苏州团部分演员合并恢复江苏省苏昆剧团建制。1977 年原南京团大部分人员又调回南京组建江苏省昆剧院,简称"南昆"。原苏州团大部分人员仍留在苏州,剧团改名为江苏省苏剧团,但仍坚持苏剧、昆曲兼学兼演的方针。1982 年又复名为江苏省苏昆剧团原名,后改为苏州昆剧团,简称"苏昆"。1964 年成立的湖南省昆剧团其前身是1960 年才组建的湖南郴州地区湘昆剧团,简称"湘昆"。

北方昆曲剧院很多老艺术家其实早年都来自现在河北省的高阳县一带,现在这个高阳县还把昆曲艺术列为县的骄傲,认为昆曲的北方支脉发源于河北高阳。

北昆之所以在当时能有很大发展,还有一个非常重要的因素,就是在北昆的周围有一个档次很高的昆曲"院外集团"。就像解放前北京大学的蔡元培和吴梅等是韩世昌的"追星族"和支持者一样,北昆在"文革"前也有这样一批来自戏剧界、艺术界、文化界、史学界等组成的"院外集团"支撑着北昆的艺术发展和剧目建设。

这个"院外集团"的层次非常高,准确地说是由文人组成的"院外集团"。有许多人在全国都是很具影响力和号召力的知名人士,如与韩世昌有过长期合作的梅兰芳先生就是一个。梅兰芳曾说过:"过去许多成功的京剧名宿如程长庚、徐小香、谭鑫培、王楞仙、陈德霖、杨小楼诸位老先生,连我祖父梅巧玲先生,他们都是有了昆曲的基础,所以把京剧演得更为杰出。"

在这个"院外集团"里,还有许多"如雷贯耳"的名家,如戏剧家田汉、欧阳予倩、马少波等,戏剧理论家张庚、刘厚生、郭汉城等,古典文学家俞平伯等,书画收藏家张伯驹,红学家王昆仑、冯其庸等,文学家孟超等,戏剧文学家阿甲、翁偶虹、杨绍萱、汪曾祺等,戏剧家曹禺、吴祖光等,戏剧史专家周贻白等,哲学家文怀沙、楼宇烈等,语言学家罗常培等,古典文学家吴晓铃等,清史专家朱家溍等,作曲家张定和等,还有"张门四才女"之称的张允和等。

昆曲作为文人"造"出来的一种艺术,在历史上与文人有很深的关系,这也是昆曲区别于其他戏曲艺术的特点和传统之一。

昆曲发展中的这种特殊情况让蔡瑶铣想起了台湾著名作家龙应台的一篇文章。在这篇文章中,龙应台带着对西方文学、戏剧发展中的一些困惑来到了西方古典文学的圣地魏玛公国:

> 是一个萧瑟的秋天,我决定出去走走。带着一个破旧的行囊,到了法兰克福火车站。火车站里熙来攘往。年轻人歪坐在地上,背靠着塞得鼓鼓的登山

背包;老年人小心地推着行李车;穿着深色西装的男人们紧抓着手提箱和当天的经济新闻报。二十个月台,数不清的可能的目的地:汉堡、柏林、维也纳、布拉格、罗马、巴黎、哥本哈根。有一列车正要开动,我急奔过去,攀上了车门。好极了,三个小时以后就下车,不管它停在哪里。

坐定了才知道,这是开往柏林的列车。

三个小时之后,火车在一个小站停了下来。

我这样发现了魏玛。

1770 年的德国还是"春秋战国"的时代,没有所谓德国,只有三百个大大小小的公国,各有各的军队和法律、公爵和农奴,彼此还玩着远交近攻的游戏,战乱连连。国与国间交通不方便,货物来往得重重缴税,连时间都各行其是。西方的法国和英国已经感觉到革命即将来临的隐隐地震,讲德语的这些小国家还在山坳坳里继续着保守的封建传统。农作物歉收时,成千上万的人要死于饥荒。即使在平常的日子里,半数的孩子活不到十岁……[1]

这就是龙应台笔下的魏玛公国,即现在的德国。可是,就是这样一个小国,1772 年,德国启蒙运动后期的代表人物、大作家维兰德来到魏玛;1775 年,欧洲启蒙运动最伟大的作家、诗人歌德来到魏玛;1777 年,大思想家、作家赫尔德来到魏玛;1779 年,大戏剧家、诗人席勒来到魏玛;1848 年,著名的匈牙利作曲家、钢琴家、指挥家,伟大的浪漫主义大师李斯特来到了魏玛;1891 年,大哲学家、思想家,一个自称"杀死了上帝"的诗人尼采来到魏玛。此外,大音乐家施特劳斯、瓦格纳、勃拉姆斯、哲学家海德格尔等都先后在魏玛居住过。

龙应台困惑了,为什么?

18 世纪的魏玛公国,全国人口不过 10 万,究竟靠什么吸引聚集了当时德语文化的各邦精英,使山坳里的德语文学突然提升成气势磅礴的世界文学?变成了当时世界文化和戏剧的中心呢?

正是这些文学、戏剧、音乐巨匠的存在才成就了魏玛,成就了德国。

最后,龙应台得出结论:

---

[1] 龙应台:《小城思索》,《书屋》1988 年第 4 期。

……突然变成人文荟萃的中心,过程并不复杂。"成功的男人背后必有一个女人",安娜·阿玛丽雅嫁给魏玛公爵时,将她对文学艺术的爱好也带来了魏玛。儿子少年时,她把维兰德聘来做家庭教师,同时大力推动剧院、艺文沙龙和图书馆的建立。深受母亲影响的卡尔王子执政后,第一件大事就是把歌德聘来,以1 200 塔勒的年薪、花园豪宅,还有完全的信任。如果一个战死的士兵才值600 塔勒,歌德的薪资显然是可观的。紧接着歌德把赫尔德引进成为宫廷牧师,把席勒找来发展剧院;思想的开放,人文气息的浓厚,对人文艺术家的厚爱,使魏玛小国成为 18 世纪德语世界的文化大国。[1]

对龙应台这种感受,蔡瑶铣也有切身体会。

我曾于 1989 年应西柏林高等艺术学院戏剧系露特·梅尔欣教授之邀到当时的联邦德国(当时德国还没有统一)进行了为期两个月的访问讲学。在这个有着深厚文化背景的国度里,我感受到了他们对艺术的执著。他们对世界各民族优秀的文化艺术没有任何偏见。就是这个露特教授,1984 年在西柏林艺术节上第一次看到中国的昆曲后,就被吸引住了,后来她来到北京,看到了我演的《西厢记》和《窦娥冤》后,就主动提出要向中国的戏曲学习。她和我一起合作搞了一个题目,一个实验,就是把英国莎士比亚的戏剧片段和中国汤显祖的戏剧片段分"春、夏、秋、冬"编排在一个剧目里。"夏"和"冬"选用了莎士比亚《仲夏夜之梦》和《冬天的童话》的部分内容。"春"和"秋"选用了汤显祖《牡丹亭》里的"惊梦"、"离魂"、"冥判"和"还魂"等折子。她认为:莎士比亚和汤显祖是处在同一个年代里,虽然他们各在东西方,但他们的作品都是通过幻想和梦境来反映人们对美好理想的追求。

就像魏玛公国对待艺术家们那样,北昆"文革"前的这个由许多名家组成的"院外集团"也成就了北昆的发展。

如田汉,中国戏剧家协会主席,有现代"关汉卿"之称。作为当时中国戏剧界最高领导的他积极支持了昆曲《十五贯》的改编和演出,亲自安排《十五贯》晋京演

[1] 龙应台:《小城思索》,《书屋》1988 年第 4 期。

出，并请中央领导观看演出。是他首次提出“一出戏救活了一个剧种”，这个提法得到毛泽东和周恩来的肯定。正是有了这句话，北昆才得以成立。

在北昆剧目创作上，这些“院外集团”的文人们先后为北昆创作改编了许多有名的剧目：如任人民文学出版社副总编辑的孟超根据《红梅记》改编的《李慧娘》；曾任北京市副市长、政协全国委员会副主席、国民党革命委员会中央主席的王昆仑根据《红楼梦》改编的《晴雯》；任中国京剧院编剧的翁偶虹根据“南戏四大经典”之一《荆钗记》改编的《荆钗记》；剧作家马少波根据王实甫的《西厢记》改编的《西厢记》；戏曲理论家郭汉城根据元代高则诚的《琵琶记》改编的《琵琶记》等。这些剧目在过了很多年后，仍然是北昆现在的保留剧目。

提到“院外集团”，就不能不提历史上两大昆曲研习社，一个是1956年成立的以北京大学著名教授俞平伯为首的北京昆曲研习社，另一个是1957年成立的以复旦大学著名教授赵景深为首的上海昆曲研习社。

这一北一南，成了南北两家最大的民间昆曲社团。

曲社，俗称曲局、曲集或曲会，是明清以来业余昆曲组织的一种形式，成员大多以文人雅士为主。建国以后，这种业余昆曲组织逐步形成了有组织有领导有规章有活动的曲社。遍布北京、上海、南京、扬州、苏州、杭州、天津，甚至海外，而北京昆曲研习社和上海昆曲研习社，是目前国内历史最长、最具规模的两大业余曲社，演出以自娱自乐为主，兼有研究、出版有关昆曲刊物，介绍昆曲的历史，交流学习昆曲的心得和体会，组织有关昆曲的普及和宣传等活动。

俞平伯(1900—1990)，著名昆曲研究家、昆曲活动家、我国现代著名文学家、红学家。名铭衡，字平伯。原籍浙江。俞平伯家是世代高雅文人，受喜爱昆曲的夫人许宝驯的影响而“妇唱夫随”。许宝驯家也是世代书香，她嗓音好，拍起曲子来字正腔圆，而且还能填词度曲。1935年俞平伯组织“清华谷音社”，“发豪情于宫徵，飞逸兴于管弦”。1956年8月19日，在文化部副部长丁西林和北京市副市长王昆仑这两位老朋友的帮助下，北京昆曲研习社正式成立，俞平伯当选社委会主任。北京昆曲研习社当时集聚了一大批喜爱昆曲的文人，他们在昆曲的研究、创作、表演、作曲等方面都有很深的造诣。

俞平伯在主持北京昆曲研习社的8年间(1956—1964)，北京昆曲研习社举办了有关昆曲的演讲、唱曲、演出活动百余次，他和夫人创作并用昆腔谱曲的散曲如《沁园春》(兰艇人归)、《鹧鸪天》(草绿裙腰惜远春)、《江儿水》(绿柳全舒翠)等在曲友间传唱。1964 年该社被迫停止活动,“文化大革命”中更受批判。1979 年 12 月北京昆曲研习社恢复活动,俞平伯亲自出席首次演出。

由于有俞平伯等众多文人的努力,北京昆曲研习社成立近 50 年来在北京乃至全国和海外的文化界、知识界都有很大影响。

在研究和传播昆曲的同时,北京昆曲研习社还积极参与北昆的艺术建设,如北昆的昆曲剧目《晴雯》、《文成公主》等都浸透着俞老和北京昆曲研习社曲友们对昆曲和北昆的关爱与努力。他们还积极培养昆曲观众,普及昆曲知识,甚至向昆曲专业院团推荐昆剧演员,如 1958 年到北昆的旦角演员张毓文和 1984 年到北昆的演员张卫东等都是北京昆曲研习社推荐的。

北京昆曲研习社对促成北昆的成立,以及支持北昆的发展都起到了历史性的作用。

稍晚成立的上海昆曲研习社是 1957 年在上海成立的,第一任社长是上海复旦大学著名教授赵景深(1902—1985)。赵景深是中国文学史和中国戏曲史的专家,代表性论著有《文学概论讲话》、《文学概论》、《中国文学小史》、《中国文学史概要》、《中国文学史新编》、《明清曲谈》、《谈曲小记》、《小说戏曲新考》、《中国小说论集》、《小说论丛》、《中国小说丛考》等多种。

上海昆曲研习社和北京昆曲研习社的发展经历大致相同,也是走过了一条从成立到取消,又从取消到恢复的过程。

关于北昆的“院外集团”,还要提到两位地位特殊的人物,一个是周谷城,一个是钱昌照。

周谷城(1898—1996)是第五届全国政协常委,第六、七届全国人民代表大会常务委员会副委员长兼教育科学文化卫生委员会主任委员、中国农工民主党中央委员会名誉主席和著名历史学家。周谷城曾长期担任上海复旦大学历史系教授,他治学严谨,学识渊博,纵论古今,评说中外。从历史学到政治学,从哲学到社会学,从美学到教育学,都有深刻而独到的见解,为学界尊敬。

钱昌照(1899—1988)是中国人民政治协商会议第七届全国委员会副主席、中国国民党革命委员会中央副主席、著名的爱国民主人士。钱昌照酷爱读书,知识渊博,对诗词歌赋有很深的造诣。

周谷城和钱昌照曾分别担任过中华诗词学会会长和中国昆剧研究会名誉会长。

另外，曾在全国人大副委员长和全国政协副主席这个级别上关心和支持昆剧的领导人还有三位，一位是全国人大副委员长雷洁琼，她曾亲自到场观看过我主演的《琵琶记》并表示热烈祝贺；另一位是全国政协副主席万国权，万老对昆曲非常支持，是文化部振兴昆剧指导委员会名誉主任。还有一位是民进中央主席的许嘉璐，很早就关注昆曲，支持昆曲进校园活动。

“文革”前，除去“院外集团”和北京昆曲研习社外，还有两个和北昆有着特殊关系的大文人。一位是北京人民艺术剧院创始人之一，人艺演剧学派的创始人、著名导演焦菊隐；另一位是中国左翼电影运动的创始人之一，20 世纪 30 年代著名的电影导演、演员袁牧之。之所以特殊，是因为这两位的夫人都先后在北昆工作过，为北昆的建设作出了应有的贡献。

焦菊隐的夫人叫秦瑾，他们的爱情很浪漫。据说在焦菊隐解放前写的也是他唯一的一部小说《重庆小夜曲》里就有他和秦瑾当时浪漫爱情的影子。秦瑾“文革”前一直在北昆当编剧，其代表作是《千里送京娘》。在“文革”中，秦瑾被迫与焦菊隐离了婚，焦菊隐也被迫害去世。“文革”后，秦瑾去了北京新华书店工作，后去了美国。焦菊隐非常喜欢昆曲，也非常关注北昆的情况。北昆建院后从人艺转来的一批演员，他们大都听过焦菊隐的课，像李淑君、丛兆桓等。

袁牧之（1909—1978），著名演员、编剧、导演。他和夫人陈波儿都是新中国电影事业的开创者，曾先后在新中国第一个电影制片厂——长春电影制片厂（原东北电影制片厂）担任领导职务。陈波儿还是现在北京电影学院的前身北京电影学校的创始人。不幸的是，1951 年 11 月，陈波儿因病去世。

陈波儿去世后，袁牧之与昆曲演员朱心相爱结婚。朱心当时是浙江昆剧团的前身“国风苏昆剧团”的旦角演员，原名朱世藕，是昆曲“世字辈”中资历最长的演员之一，从小学习昆曲，演技非常出色。我在上海戏校时看过她的演出，她当时就已经是一名出色的昆曲演员了。

袁牧之和朱心结合如同焦菊隐和秦瑾的结合，也非常浪漫。与袁牧之结婚后，朱心有很长的一段时间离开了昆曲舞台。1979 年，北昆恢复后，朱心到北昆工作，主要是教青年演员。

袁牧之的女儿袁牧女现在是电视剧编导，1987 年袁牧女执导了由北方昆曲剧院演出的昆曲电视剧《南唐遗事》，该剧获 1987 年度电视剧“飞天奖”。袁牧女说：“爸爸是搞电影的，妈妈是搞昆曲的，也许是爸爸太爱妈妈了，他从小就让我学昆曲，而我最终还是接了爸爸的班，学了电影表演。”

如今，焦菊隐和袁牧之这两位大文人、大艺术家逐渐被人们淡忘了，秦瑾和朱心更是很少有人知道。可我每当看到人艺《茶馆》演出的消息，每当看到电视上播放的二三十年代的老电影，我就想起他们，我常想，如果焦菊隐不是被迫害致死，如果袁牧之不是过早去世……

说起电影演员和导演，还有一个人应该记住，他就是陶金。陶金（1916—1986）是著名电影演员、电影导演。抗战胜利后，陶金在上海加入昆仑影片公司。1947 年，受史东山和蔡楚生邀请，他先后主演了《八千里路云和月》和《一江春水向东流》两部影片。新中国成立后，主要从事电影导演工作，1956 年拍摄了著名的戏曲电影《十五贯》，其中扮演苏戍娟的是目前北方昆曲剧院演员李倩影。戏曲电影《十五贯》成了 1956 年最有名的电影之一，其他 4 部电影是《铁道游击队》、《上甘岭》、《祝福》和《家》。

我想，他们的艺术生命如果再长一点，肯定会对昆曲做出更多的努力的。或者焦菊隐会导演一出昆曲；或者袁牧之会拍一部昆曲电影……也许，都不止一部，我想，他们肯定会的，可现在一切都不可能了。

所谓的“院外集团”实际上就是昆曲在社会上的影响，这个社会影响反过来也会对昆曲的发展带来积极的作用。“院外集团”的存在对昆曲艺术的发展起到的作用是不可估量的。

我到北昆后，就曾直接受到马少波、郭汉城等这些“院外集团”名家的关心和支持，曾演出过马少波的《西厢记》和郭汉城的《琵琶记》。这些戏既是北昆的成就，也成了我的保留剧目。

当时北昆“院外集团”中的一些人已经离开了，提起这些人，实在不应忘记他们。他们对昆曲的支持和热爱，他们对北昆的影响和帮助是永远让现在还从事这项事业的人应该铭记不忘的。

如今，北昆“院外集团”的规模和影响与当时相比已经发生了很大的变化。

一是规模扩大了，现在不光是在国内，在海外也有相当数量的昆曲爱好者。蔡瑶铣先后去过几次台湾讲授演出昆曲，看到许多年轻人都非常热爱昆曲，让她很感动。

二是现在这个“院外集团”的人员结构发生了变化，人员主要分布在全国各个名牌大学，如北京大学、北京师范大学、天津南开大学、南京大学、复旦大学、中山大学、中央民族大学等。蔡瑶铣就曾在北京大学、中央民族大学等给学生们讲过昆曲的课，学生们很认真，场面很热烈。

三是出现了许多以研究昆曲，以昆曲会友为目的的社团，这些社团虽然比较松散，但却做了许多昆曲普及工作，更是出现了一些以普及昆曲为宗旨的网站。这在上个世纪五六十年代是无法想象的。

四是昆曲的“院外集团”出现了新的领军人物。大陆著名作家、学者余秋雨和台湾著名作家、学者白先勇就是其中的代表。

余秋雨是浙江人，长期工作生活在上海，曾任上海戏剧学院院长。对中国戏剧有很深的研究，代表作有《戏剧理论史稿》和《戏剧审美心理学》。余秋雨是个文人，是个学者，而且还是个名人，甚至已经产生“余秋雨现象”。余秋雨对昆曲的“鼓”与“呼”集中体现在他关于昆曲的著作《笛声何处》里，关于写作的目的，余秋雨在自序中说：“中国历史充斥着金戈铁马，但细细听去，也回荡着胡笳长笛，这本书要捕捉的，就是曾让中国人痴迷了两百年之久的昆曲的笛声。”[1]

作为一名“文化苦旅”的“流浪者”和“考察者”，经过多年研究，余秋雨对昆剧的价值得出了这样的结论：“昆曲曾经让中华民族痴迷了两个多世纪。大致说来，整个十七世纪和整个十八世纪，也即明代万历年间至清代乾嘉之交，基本上属于昆曲世纪。不仅中国戏剧史上没有其他一个剧种能与之比肩，而且即使在整个中国艺术史上也很难找到更多这样的现象。”他认为：“昆曲不应该仅仅作为一种前辈的遗产而被尊重和保留，也不应该仅仅因为蕴藉雅致的古典美而被欣赏和介绍，它

[1] 余秋雨：《笛声何处 · 自序》，古吴轩出版社，2004 年 6 月。

本是中国传统戏剧学的最高范型。”[1]

另一位是台湾知名作家、学者白先勇。他的父亲是原国民党桂系高级将领白崇禧。白氏作品主要有短篇小说集《寂寞的十七岁》、《台北人》、《纽约客》,长篇小说《孽子》,散文集《蓦然回首》、《明星咖啡馆》等,并有多部作品改编为电影或舞台剧,如他在 20 世纪 80 年代的作品《谪仙记》被导演谢晋改编为电影《最后的贵族》。他还是台湾女作家三毛的启蒙老师。

白先勇说他自己是在上海和昆曲结下的缘:“9 岁那年,随家人看梅兰芳、俞振飞的昆剧《游园惊梦》。当时我并不懂戏,可就在美琪大戏院,《游园》中那一段婉丽妩媚,一唱三叹的[皂罗袍],却深深地印在我的记忆中,以至于许多年后,只要一听到笙箫管笛响起就不禁怦然心动。”

白先勇对昆曲的痴爱很少有,他在《我的昆曲之旅》里这样形容昆曲:“昆曲是最能表现中国传统美学抒情、写意、象征、诗化的一种艺术,能够把歌、舞、诗、戏糅合成那样精致优美的一种表演形式,在别的表演艺术里,我还没有看到过,包括西方的歌剧芭蕾,歌剧有歌无舞,芭蕾有舞无歌,终究有点缺憾。昆曲却能以最简单朴素的舞台,表现出最繁复的情感意象来……20 世纪的中国人,心灵上总难免有一种文化的飘落感,因为我们的文化传统在这个世纪被连根拔起,伤得不轻。昆曲是中国现存最古老的一种戏剧艺术,曾经有过如此辉煌的历史,我们实在应该爱惜它,保护它,使它的艺术生命延续下去,为下个世纪中华文化全面复兴留一枚火种。”

于是,白先勇身体力行,在内地制作了一个青春版的《牡丹亭》,并推广到全世界。实际上,在台湾,除了白先勇先生外,还有相当一部分文人也非常热爱昆曲,支持昆曲。

在大陆,剧作家型的文人还有北京的郭启宏和上海的罗怀臻。郭启宏曾在北昆工作过,著有昆曲《南唐遗事》、《村姑小姐》、《司马相如》等;罗怀臻著有昆曲《班昭》、《一片桃花红》等。

在台湾,也活跃着一批热心昆剧的支持者,他们是台湾的昆剧“院外集团”。如曾永义先生,他在台湾文化界很有影响,他是台湾中华民俗文化基金会的法人,曾多次邀请内地的戏曲演出团体到台湾进行交流演出。还有台湾新象基金

[1] 余秋雨:《笛声何处·自序》,古吴轩出版社,2004 年 6 月。

会的樊曼侬女士，非常喜欢昆曲，现在已经成了内地昆曲演出团体到台湾演出的最主要的资助人之一。还有台湾“水磨剧团”的陈彬女士，数年来不遗余力来往于内地和台湾之间，介绍昆曲，宣传昆曲，资助内地昆曲界的优秀演员到台湾演出讲学，为内地昆曲演员出版书籍等。

蔡瑶铣

可以说，台湾的昆曲“院外集团”这几年搞得是红红火火，取得了很好的社会效果和市场效果。

2004 年 4 月，蔡瑶铣在台湾看到了由白先勇、樊曼侬等两岸三地知名人士共同策划制作，由苏州昆剧院演出的全本青春版昆曲《牡丹亭》。

我多次到台湾讲学和演出，可作为观众看大陆昆剧演出团体来台演出还是第一次。反客为主，我坐在剧场里，看着舞台上那“如花美眷，似水流年”，看着舞台上那片片“姹紫嫣红”，看着舞台上这让“生者可以死，死者可以生”的《牡丹亭》。

此情此景，我的思绪回到了 22 年前……我想起了 1982 年我到北昆主演的第一出戏也是《牡丹亭》，想起了“世间何物似情浓”的种种感受。

一场秋雨，一片红叶，一条漫游的山路留在了记忆的画面上。虽遗世之曲，却又总如天籁之音。代代文人身后留下了串串的浓情，又总是让文人们趋之若鹜。洇染开一片生命亮色的图景，逼退掉一些世俗的墨迹，每一次搅动，都会是山峦衰草，红叶弥天，风起云涌……

还是那句话，文人盛，则昆曲兴，文人败，则昆曲衰……

第七章 舞台记忆(上)

遗世之音,隔代之曲,记忆的春天并未褪尽曾经鲜红的颜色,上与前人之契合,下为后人之流传。冰封的日子期待着又一次清越的笛声,迎接下一个如诗如画的花季来临。

一、《血溅美人图》

1979 年蔡瑶铣到北方昆曲剧院排的第一个戏是新编历史剧《血溅美人图》,她在戏中扮演陈圆圆的角色。

《血溅美人图》讲的是明末李自成欲“抚吴抗清”的故事,女将红娘子为了太平天国的利益,为了争取吴三桂的归属,她出生入死,护送吴三桂的爱妾陈圆圆去吴三桂那里。但是由于太平天国内部争权夺利,李自成听信谗言,“抚吴抗清”的计划没有实现,红娘子在激战中中箭身亡,鲜血染红了她手中美人陈圆圆的画像。

整个剧是一个悲剧,剧本由陈奔等任编剧,把原来的京剧本改为昆曲本。导演是马祥麟和丛兆桓。李淑君饰演红娘子,是女主角。男主角是白士林和侯少奎,分别饰演李岩和闯王李自成。我饰演戏中陈圆圆一角。

《血溅美人图》，李淑君饰红娘子（中），蔡瑶铣饰陈圆圆（左），白士林饰李岩

陈圆圆是明末清初一位传奇式的女性。明末总兵、山海关守将吴三桂因她而“冲冠一怒为红颜”，引清兵入关，结果，历史的车轮顿然改辙换路。

历史上的陈圆圆，名沅，字畹芬，原籍苏州。《圆圆曲》中说“家本姑苏浣花女，圆圆小字娇罗绮”。她殊色秀容，花明雪艳，能歌善舞，色艺冠时。陈圆圆俏丽绝伦，能歌善舞，可谓“声甲天下之声，色甲天下之色”。

陈圆圆本为昆山歌妓，曾寓居过秦淮。18岁时曾在苏州登台演出，自称为“玉峰女优陈圆圆”。她演过《长生殿》的杨贵妃、《霸王别姬》的虞姬和《西厢记》的崔莺莺，演得“体态轻靡，说白便巧”。一下子，便成了走红的红歌妓，声名大噪，四海闻扬，清人将她列入了“秦淮八艳”之中。

陈圆圆在《血溅美人图》中是一个调和性的人物，戏份不多但很讨俏，演起来对我来说并不吃力。很轻松地排练，很放松地演出，戏校的训练扎实，加上毕业后的一些磨练，演出很成功，观众看后很惊异：北昆什么时候出了这么一个旦角？

由此，蔡瑶铣在北昆一炮打响。

电影《血溅美人图》，蔡瑶铣饰陈圆圆（1980）

由于《血溅美人图》的演出效果好，于是在1980年被中央新闻电影制片厂拍成戏曲电影，电影导演是沙丹。当时蔡瑶铣37岁，正是条件很好的时候。在电影版中蔡瑶铣妆化也很亮眼，很能吸引观众的注意力。

就这样，电影带舞台，舞台捧电影，《血溅美人图》在华北一带很有知名度，好久以后还有观众跟我说看过我的《血溅美人图》。

算上这部电影版的《血溅美人图》，蔡瑶铣已经是第五次参与电影的拍摄工作了。第一次是1960年由北京电影制片厂拍摄的彩色戏曲艺术片《游园惊梦》，由梅兰芳、俞振飞和言慧珠主演，艺术指导是崔嵬，导演许珂，蔡瑶铣在片中扮演大花神。

第二次是1963年由长春电影制片厂拍摄的，由俞振飞和言慧珠演的彩色戏曲艺术片《墙头马上》，导演蔡振亚，蔡瑶铣担任副演员，为言慧珠走景。

第三次是拍摄彩色电影现代京剧《海港》。虽然蔡瑶铣没作为演员参加角色，但她作为主创人员之一参与了整个电影版《海港》的拍摄工作。

第四次是1976年在为毛泽东录制诗词的过程中参加拍摄了两部影片，都是由上海电影制片厂（当时叫上海工农兵电影制片厂）拍摄的彩色的传统戏曲艺术片，一个是《思凡》，蔡瑶铣演色空；另一个是《琴挑》，蔡瑶铣演陈妙常，岳美缇演潘必正。

拍戏曲电影和拍其他电影不太一样，虽然都是用镜头，都是用胶片来表现，但戏曲电影要遵循戏曲表演的唱、念、做、打特有的程式，加上电影技巧的运用，可以更好地展现演员的表演特点和技巧。

《血溅美人图》演出之后，我算是在北昆站住了。

二、《牡丹亭》

由于北昆刚刚恢复不久，再加上当时的大背景，传统戏曲的发展遇到了一些问题。北昆在如何继承和发展昆曲上没有很明确的定论，艺术生产上出现了一些热衷排“叫座、创新剧目”的急功近利的现象。

为了加强领导，上级派马少波到北昆担任艺术顾问。

这是马少波第二次到北昆了。第一次是在1959年“反右”运动后，当时的北昆党组织被解散，北昆和中国京剧院组成了联合党委，由在中国京剧院担任党委书记的马少波任北方昆曲剧院和中国京剧院联合党委的书记，负责北昆和中国京剧院的工作，当时北昆和中国京剧院统属文化部管理。之后不久，北昆被下放到北京市管理，党的组织和行政改由北京市负责。

在革命战争年代，马少波先后改编了传统京剧《打渔杀家》、《吴蜀和》、《王佐断臂》、《群英会》、《宇宙锋》、《芦花荡》等。1943年创作京剧《木兰从军》，对激发胶东军民保家卫国的斗志，掀起踊跃参军的热潮起了重要作用。1944年，郭沫若发表了《甲申三百年祭》，马少波受到启发，他精心研究明末农民起义的资料，25岁写出了京剧剧本《闯王进京》。1946年创作了十幕话剧《太平天国》，1948年创作了京剧《关羽之死》等剧目。1948年，马少波带着《木兰从军》和《关羽之死》参加了淮海战役，在前线他们演出《关羽之死》，在祝捷会上他们演出《木兰从军》。就是这个1943年创作的京剧《木兰从军》，1950年被常香玉的爱人陈宪章改编成了豫剧《花木兰》，从此，到处可以听到常香玉那嘹亮的声腔。至今，“刘大哥讲话理太偏，谁说女子不如男”的唱段几乎成为了流行曲，在全国各地到处传唱。

革命战争年代，马少波书剑征程，他的戏剧作品多为历史题材，以古鉴今，古为今用，紧密为革命战争服务，在历史剧创作方面取得了开创性的成就。

从新中国成立后到“文革”前，马少波在大量的日常行政工作中，还继续坚持创作，这期间，他修订了旧作《闯王进京》和《关羽之死》，新创作了现代京剧《白云鄂博》、话剧《岳云》和京剧《正气歌》等，还将歌剧《白毛女》改编成了京剧，此外还出版了专著《戏曲改革论集》、《戏曲改革散论》、《看戏散笔》、《花雨集》以及散文集《与日俱增红集》、《东行两月》、《在南极的边缘》等。创作了大量散文、小说、戏剧、诗词作品及文艺理论著述等。

十年动乱，马少波受到江青点名迫害，被迫搁笔。

1978 年，党的十一届三中全会召开后，马少波已年逾花甲，但他依然才华不减，精神未倦，仍旧不懈地从事他的戏剧创作。1979 年根据李世民与魏征的历史故事，创作了越调《明镜记》，刻画了一代贤君、一代贤臣和一代贤后的感人艺术形象。

阳翰笙在为《马少波全集》所作的序言中曾这样评价马少波说："在党领导戏曲改革半个多世纪的征途中，既担负着组织领导的重任，又能继续抗日战争初期开始的戏曲创作生涯，不断有高水平的新作问世的，我认为惟有田汉和少波。"

这个评价是非常高的。

马少波到北昆后，根据他对北昆的了解，根据他多年对戏曲，对昆曲的了解，提出北昆应该排演些古典文学名著。他认为，这样符合昆曲本身的发展规律。

这时他知道北昆的一个老编剧时弢钻研汤显祖的《牡丹亭》有 20 多年，现在有一个演出本，于是他决定上马《牡丹亭》，点名由我饰演杜丽娘。

我就是在这样的情况下，在马少波的支持下，开始排练我到北昆后担任主演的第一出大戏《牡丹亭》。

《牡丹亭》，蔡瑶铣饰杜丽娘(1981)

明代汤显祖的《牡丹亭》是昆曲的"看家戏"，原本中"梦而死"、"死而生"的梦幻情节表现了理想和现实的矛盾，杜丽娘所追求的理想在当时的现实环境里是不可能实现的，可是在梦想和魂游的境界里，她终于摆脱了种种封建礼教的束缚，改变了一个大家闺秀的软弱性格，实现了自己梦寐以求的美好愿望。

"天下女子有情宁有如杜丽娘者乎。"(汤显祖《牡丹亭记》题词句)

许多年过去了，虽然我已不演此剧，但回忆起来仍津津有味，仍然对这被称为"东方莎士比亚戏剧"的《牡丹亭》"一往而深"（汤显祖《牡丹亭记》题词句），怀有崇敬之情。当今"人世之事，非人事所可尽"（汤显祖《牡丹亭记》题词句），如果这样，你就看看《牡丹亭》，也许你会找到答案的。

雨中的江南最有味道，但身在江南的雨中，却又总是惆怅的。悲欢离合总关情，淅淅沥沥又烟雾蒙蒙的江南的雨，催发了"山色空濛雨亦奇"的意境，如梦，如诗，如歌，如韵，更有着通透般的空寂。大音希声，执著一门清冷的艺术是寂寞的，然热爱者说，心有痴恋，便无所谓身外的寂寞。

杜丽娘一句"原来姹紫嫣红"让人"伫立伤神"。"随春且看归何处"，迎春是为了惜春，惜春就是要留春，情之真，意之切，委婉而缠绵。秋色方半，时光正好，"把酒送春春不语，黄昏却下潇潇雨"，精神的相通，情感的融合，方才是更为重要的艺术追求。

20世纪60年代，俞振飞和言慧珠曾演过全本的《牡丹亭》，带"婚走"，岳美缇饰春香，华传浩老师演石道姑。北京昆曲研习社在1958年初也演出过全本《牡丹亭》，由张允和整理剧本，还请了沈传芷、朱传茗、张传芳、华传浩四位老师帮忙排练。

北昆1981排出了《牡丹亭》，到1983年，张继青和华文漪也相继推出了《牡丹亭》。时至今日，《牡丹亭》已经演出了许多版本，但自"文革"后算来，北昆是第一个。

时弢研究《牡丹亭》有20年的历史，他整理的剧本从《训女延师》开始，接下来是《花慨师窘》、《惊梦寻梦》、《灌园访梦》、《题画离魂》、《魂游问花》、《拾画幽会》、《回生还魂》共八场，因为是以一个晚上为表演时间，所以做了浓缩和增删，像《惊梦》与《寻梦》就直接串联起来作为一场戏；《拾画》与《冥誓》也是合而为一变成《拾画幽会》；《问花》就是原来的《冥判》，有判官，有花神，还有蜂蝶莺燕，是时弢自己新填的词，由傅雪漪谱曲。《牡丹亭》的导演是北昆著名的老艺术家马祥麟。

当时《牡丹亭》并不是重点戏，北昆另有一个有关小凤仙和蔡锷的剧本在排练，由洪雪飞与丛兆桓主演，剧名叫《共和之剑》。院里的意思要先排演《共和之剑》，再排《牡丹亭》，这样洪雪飞演完《共和之剑》就可以一起排《牡丹亭》了。但是马少波认为完全可以同时进行，由他兼任《牡丹亭》的艺术顾问，

蔡瑶铣与(左起)周巍峙、马祥麟、俞林合影(1986)

亲自抓这台戏,并且定出了柳梦梅这个人物的基调。在这个版本中,柳梦梅是淡泊功名的,他离开家乡不是去求功名,而是去寻梦中的园子和园中的美人,这样一来就与杜丽娘更契合了。

《牡丹亭》是1981年夏天开排的,排练的环境并不好,《共和之剑》用了主要的排练场,《牡丹亭》剧组只能在一个30平方米的房间挥汗工作。20世纪80年代初期流行音乐已经进入国内,因此许多人并不看好《牡丹亭》,认为太温了,恐怕上座不会好。

有人跟我开玩笑,说最后台底下可能只剩两个观众,一个编剧,一个导演。也有人认为《血溅美人图》让我站稳了脚步,不要拿前途下赌注。马老师也有点担心叫好的戏不一定能相对应的叫座。作为一个演员,对于未知的戏要不要排出来,是很不容易做决定的。我对这个戏以及几位指导的老师有信心,基于对事业的热情,也是一份难以言喻的缘分吧,我决心要排这个戏。最后一次在少波老师家开会拍板定案时,我跟大家说:就是台下只剩一位观众,我也会认认真真地把这个戏唱完演好。

我觉得把古典名著搬上舞台是一种责任，我不只是为演戏而演戏。而且当时在三位老师的带领下，我又回到学生时代的感觉，觉得接到一个新的任务，我有责任把它完成，我一定要把《牡丹亭》学好、演好。当时我正值盛年，上一代老的已老，下一代小的还没有出来，我觉得把好的戏呈现在舞台上，是我们这一代人的责任。就这样我们每天看着改编剧本，桌上放着汤显祖的原本，一步一步踏踏实实地开始排戏，马少波先生不时地来排练场指导，提供了不少意见，对我们产生了极大的鼓励作用。

《牡丹亭》是1981年国庆时在吉祥戏院首演的，连演三天，卖了三个满座，在文艺界引起很大的回响，连海外的报纸都报道了这个戏上演的盛况。吴祖光、郭汉城、张庚、梅阡等知名戏剧学者认为，“文革”之后敢于排出这样的戏是很了不起的。四小名旦之一的陈永玲看完戏后还问他的朋友，演杜丽娘的演员怎么那么像言慧珠。

这个戏后来还曾到大庆去表演，受到工人们的欢迎，当地的文化局长很兴奋地告诉北昆演员，他的毕业论文就是《牡丹亭》。

《牡丹亭》除了时弢老师剧本整理得好，傅雪漪老师曲子谱得好以外，马祥麟老师的指导不但使得这出戏成功地吸引了观众，也使我的表演意境更为深化。我在学校时曾跟朱传茗老师学《游园惊梦》，马祥麟老师在这个基础上帮我提升了一大块。

《牡丹亭》在历代表演艺术家积累的经验中，成功地提炼出《游园惊梦》、《寻梦》、《拾画叫画》等折子戏，我从朱老师那里学到了悦耳的唱腔和优美的身段。但是一则当时年纪小，只能依样画葫芦，二则在剧情和表演方面，男老师对女学生也无法做太深入的讲解。如今我已增加了二十年的表演经验，又有几位老师的帮助，正可以逐渐地把情感的灵魂注入优美的身段之中。

以下是蔡瑶铣排演《牡丹亭》时的一些具体体会：

马老师要我把在学校学的先做给他看，然后他再根据剧情的需要和情绪

《牡丹亭·梳妆》
蔡瑶铣饰杜丽娘,董瑶琴饰春香

的转换做调整。譬如《游园》,马老师把杜丽娘的出场改为由下场门背身出场,不用小锣打上,而是使用前奏音乐,在慢慢转身面向观众的同时,朦胧的眼光由上场台口扫向下场台口,表示是由内室走出,循着回廊寻找吵醒她的莺声在哪里,唱到“莺”字才把眼神放出去,表示看到了莺。这在昆剧的表演中是不多见的,但因在全剧中杜丽娘已是第二次出场,可以因剧情的需要而做变化,加上惺忪睡眼和被鸟声惊醒的眼神变化,就合上了[绕地游]的唱词“梦回莺啭”。这样的出场叫带戏出场,不是只为亮相。接下来的收腰动作,使杜丽娘的形体有了收缩的感觉,衬出了小庭深院的“小”和“深”,随着收腰而来的收眼光,也带出了杜丽娘被礼教压抑受到束缚的感觉。唱完[绕地游],一般的演法就是归小座,我们觉得这是个程式,没有什么剧情上的意义,马老师改成站在桌边,略有倚靠的感觉,就合了春香后面念的“你侧着宜春髻子恰凭栏”。

杜丽娘对春香的到来好像有感觉,又好像没有感觉,春香叫她,她也没在意,径自沉在“晓来望断梅关”的心情中,这是她自己的感觉,而不是跟春香的交流。直到“已吩咐催花莺燕借春看”,杜丽娘才回过神来,问春香:“可曾吩咐花郎扫除花径么?”此时仍不归座,两个人换个位置,春香下场去取镜台,杜丽娘突然发现今天天气怎么这么好?顺口念出“好天气也”。起唱[步步娇]曲牌,“袅晴丝吹来”散板起的这五个字唱完,春香正好把摆着镜台的小几安放好。“闲庭院”,从上场台口横走向下场台口的梳妆台,而眼神还留在上场台口,点明闲庭院。唱到“摇漾春如线”,一面解头巾,一面看到镜子里反映出来的春光,顺着春光将目光再扫回到身后的庭院中。“停半晌”有一个小停顿,是在镜子里突然发现自己很美,也看到自己脸上荡漾的春情,是一种纯真的少女情怀，这种情怀是往年所没有的，而今年这种情怀饱涨到自己都很讶异，也有一点兴奋。

“没揣菱花”是梳妆之后的照镜身段，这里有一个眼神，一般很容易做成单纯的看看两面镜子的眼神转换，但马老师要求我不能忽略了眼神所走的路线，就是从桌上的镜子看到春香举在杜丽娘脑后的镜子，眼神不能直接跳过去，而要确实的把眼神所行经的路线走出来，这样才不会让戏散掉。“偷人半面”正好看到桌上的镜子，先看一眼镜中的自己，然后有个娇嗔的表情，表示欣赏自己的装扮，却又嗔怪镜子：“你怎么也偷看我呢？”

“迤逗的彩云偏”是从镜子里看到还有一点不完美，再整理一下。“我步香闺怎便把全身现”是准备出门又退了回来，这一步要迈出去是很不容易的，不但爹娘不准她随处乱走动，在一贯束缚式的教育下，她自己也犹豫起来。“你道翠生生出落的裙衫儿茜……”这两句到底是杜丽娘唱还是春香唱，一直有不同的说法，我们是由杜丽娘唱，但前面不能省略掉春香的夹白“小姐今日打扮得好哇”，我们用了五拍半的间奏，好让春香很清楚地把这句话说出来，而不会与唱腔混淆。

在“我步香闺怎便把全身现”时，杜丽娘对出门去逛花园还有一丝犹豫，到“恰三春好处无人见……”她步出了闺房，也象征完全走出了束缚，她的情绪高涨，像小鸟出笼，这种感觉一定要做出来，我们在这里用了和声伴唱，因为包括下面的“则怕的羞花闭月”等句，都不应该由杜丽娘唱，而是由像旁白一样的幕后伴唱帮她把心情和情景讲出来。

马祥麟老师排的《牡丹亭》，有很多身段都不是实打实的，而是要做在似有若无的状态中，主要是表现心情，要用眼神带出来，杜丽娘在这段和声伴唱中的表演就是如此。

进园之前，对着花园门有深深的一望，告诉观众“我可到了花园了”，她不知道园子里会是什么景象，也意味着她对自己的未来毫无把握。刚一进园要用背影表达她被园子的景象震慑住了，她从来不知道自己家里有这样一座花园。我们曾排过一稿，保留了原著中“恁般景致，我老爷和奶奶再不提起”的念白，后来虽然不念了，这种感觉还是要有的。

眼前破败的园子，仍可看出当年的规模。一进花园的这个背影的戏仍要由眼神带出来，只是这个眼神不会让观众正面看到，而是由背影显现出来，等

《牡丹亭·游园》
蔡瑶铣饰杜丽娘，董瑶琴饰春香

到左转身面对观众时，观景的眼神还是持续的，表现她眼前所看到的景象，“画廊金粉半零星”，“池馆苍苔一片青”。进园之前，她感受到的是春光明媚，进园后却是破落的感觉，这样的对比，已使她的心情有了起伏，也让她体认到人的青春有多少？从[皂罗袍]开始是《游园》的主曲，与接下来连唱的[好姐姐]都是在描述她所看到的景。根据时弢老师的解释，《游园》中包括室内与室外约有十个景点，像“断井颓垣”、“荼靡架”、“啼红了杜鹃”的青山等。有些词句我的理解与其他人小有不同，像“断井颓垣”我的眼光放得比较远，我觉得断井不应该在我的脚边，颓垣更不会在身边，眼神放得远一点，这四个字就更展现出残破的园子的景象了。“遍青山啼红了杜鹃”一般演出都把青山作为远景，杜鹃花丛作为近景，时老师说这是园外远处的景，也就是杜鹃花开满了青山，所以眼神要落在园外的远方，同时春香配合的身段也就不能指身边的地上，而要往远处指。

“那牡丹虽好，它春归怎占的先”，马老师设计的身段是先用扇子指向上场门台口，“好”字唱完让扇子由指问松落，无意识的垂下，表示她心情的滑落。春香继续引领她游逛，她的身子跟着春香走，眼神却仍留在牡丹花的位置，手也以倒持扇的方式似有若无的指着牡丹的位置，整个给人一种落寞、迷惘的感觉，也正好唱到“闲凝眄”。“声声燕语明如翦”，清脆的鸟叫声惊醒了她的思绪，但当她看到鸟儿是成双成对的，她又落入了低迷的情怀，再也无心游园了。这里马老师安排的是三个回看，一面由下场台角往上场门走，前两看是循声找鸟，第三看才看到鸟儿在什么地方。配合三个回看所走的台步是北昆的典型动作，马老师把它安排在这里，完全是配合情绪的发展而做出来的，不是为走台步而走。杜丽娘把花园中的景与自己的命运相结合，越看越看不下去，唱完“听呖呖莺声溜的圆”后自然吐出“去吧”两个字，我们就是照原著这么处理的。

《惊梦》的[山坡羊]可以说是对封建礼教的一种控诉。“我要照你们的礼教规范过日子”，在大环境的压制下，杜丽娘也无可奈何。“泼残生除问天”先是抱胸，然后又是若有似无地慢慢垂下右手扶桌面，左手往斜前方指去，又回到了困在小庭深院的压抑。我以前学的这句的身段是扬右袖，左手指出去，相较之下，老的身段感觉比较扬，马老师的这个身段就比较沉，而《惊梦》的心情是沉的，所以我觉得马老师的身段更能表达此刻杜丽娘的感觉。另外在“俺的睡情谁见”这句唱腔中，马老师加了一个转身的动作，很能表达“睡情”的含义，因为“睡情”含有“春情”的意思，又不能明着说“春情”，所以这里的一个慵懒的转身就寓意很深了。

《惊梦》的整个情绪是困、懒、倦，是“怀人幽怨”，汤显祖的作品很难用大白话来说明，这场戏的意境也就是这四个字最能表达。《游园》由解放束缚的“扬”到伤春的“沉”，过程非常清楚，因此我在演《惊梦》时很快就找到了该有的感觉。

《牡丹亭·惊梦》，蔡瑶铣饰杜丽娘，许凤山饰柳梦梅

由于要在一个晚上演全故事梗概，时老师把《惊梦》和《寻梦》连接起来，杜母下场后，杜丽娘唱了《惊梦》的［尾声］就转入《寻梦》了。

《惊梦》中梦醒的一段，许多版本是由春香叫醒杜丽娘，我们则照原本由杜母叫醒她，这两种感觉是不一样的。想想看，梦中的秀才飘然远去，她要叫住他，一个“秀”字才出口，突然醒来看到母亲站在面前，这也是另一个角度的“惊”，而且礼教的压力又回来了。母亲虽然没有父亲那么严厉，但父母亲是同一个阵线的。母亲提醒她前几天才因“画眠”而被父亲训斥，要她到“学堂中读书去吧”，杜丽娘回说：“先生不在，且自消停。”同时有一个下水袖的动作，这个动作虽简单，在分寸的掌握上却要特别注意，只能轻轻地往下一落，不能抖得很大，要压抑式地表达她不想读书，这才能引出下一句杜母的“女孩儿长成了，就有这样许多情态”，充满了一个疼爱女儿的母亲的无奈。

唱完“有心情那梦儿还去不远”时走到上场台口，面对观众，有两次向右前方看出去的眼神，第一次是回味梦境，想到怎么跟柳梦梅见面，想到两个人的交流，眼光渐渐收回来，第二次再看出去就像梦境更清晰突然灵光乍现，眼睛一亮“我何不再去花园寻梦”？这样两个眼神就把剧情连接起来了。这种转折看似简单，表演时全靠眼神的运用，心里若没有，就做不出来了。因为不下场，接下来的表演就只用水袖表达情绪，不用扇子了。

《牡丹亭·寻梦》，蔡瑶铣饰杜丽娘

时弢老师对《牡丹亭》深有研究，文学造诣又高，所以《牡丹亭》的演出本他是做了改编，有减也有增，更有重组，像《寻梦》前段的［忒忒令］和中段的［三月海棠］结合成一个新的集曲，曲名［海棠花犯］。快结束时的［江儿水］和［川拨棹］，结合成为［江头拨棹］，又新添了两句：“我待要折，我待要折的那柳枝儿问天！我如今悔，悔不与题笺！”之后加了两声“咕咕咕咕、咕咕咕咕”的鹃啼，强化了气氛。而春香提醒她：“小姐，回去吧！老爷知道又要怪你的。”无形中又给了她压力，她叹了一口气，接着唱：“难道我再到这亭园，难道我再到这亭园。则挣的个长眠和短眠。”“长眠”和“短眠”不但转为散板，而且是没有乐队伴奏的清唱，整个舞台上是静的，没有其他的声音，只有杜丽娘的这一点心声。最后还有一个站不稳往前略冲的身段，为后面的病重做了铺垫。

对于时弢老师的这个改编本我是很欣赏的，但是就《寻梦》来说，我觉得有一点遗憾，就是限于时间的关系，《寻梦》无法做渐进式的投入、好好的铺垫，而是一寻就投入，在戏剧气氛的展延上失之于快速，就这一点，我觉得略有不足。2004 年给院里的青年演员复排《牡丹亭》，我曾经考虑把《寻梦》的部分再伸展一点，可是再加些内容进去，时间就太长了，时老师的剧本是一条很清楚的路线发展下来，如果要改动这一部分，恐怕整个剧本结构要重新调整，另做取舍，那就是另外一个形式了。

在我的演出版本中，杜丽娘的被压抑是主要基调，可以说她是被窝死的。她的心事没有人能理解，她也无处诉说，她的心情连朝夕相处的春香都不懂。当她把自己的心事告诉春香后，春香安慰她好好养病，“病好之后，禀过老爷，但凡姓柳姓梅的秀才，挑选一个，白头偕老”，春香想的是，姓对了就行了，殊不知小姐想的不是“闲梅柳”，而是她的“梦中人”，全天下只有那么一个。

《离魂》一场，她要求在墓碑上表明她是为春情而死，却被杜宝制止，因为他们是礼教世家，不能说出这样的话来。我们每次演到此处，台下的观众都会有所反应，他们理解到杜丽娘生长在这样的家庭中是多么的为难，到了临死的时候，还不能尽情地表达自己内心深处的一点情怀。在这样的环境中，石道姑被赋予了舒解杜丽娘压力的任务，她是理解杜丽娘的感觉的，但是也无法有什么大作为，只能倾听杜丽娘的心声而已。

在我们的版本中，石道姑是正面人物，她是奉杜母之命来为丽娘诊病除祟的，她靠近正旦的行当，所以不念那一大段来自《千字文》的道白，她虽是个中年妇女，却能理解青年女子的心理。她一见丽娘就要为丽娘把脉，却被丽娘把手甩开，丽娘要表达的是：“你们有谁理解我的心情？”“我不是像你们想象的中了邪。”石道姑顺着她的心思跟她应答，使她觉得很贴心，在恍惚之中，她把无法向家人倾吐的心声诉与石道姑，她喃喃自语似地询问石道姑：“有梦吗？

《牡丹亭·离魂》,蔡瑶铣饰杜丽娘,董瑶琴饰春香,马明森饰杜宝,王小瑞饰杜母

你能帮我找到我的梦吗?”而更深一层的意思则是,我找不找得到我想要的东西?我找不找得到我一生的幸福?而在重重的束缚下,她病逝于母亲的怀里。

在杜丽娘的爱情历程中,由于石道姑的帮助,杜丽娘才得回生与柳梦梅重聚,因此我们在《还魂》一场安排了一个杜丽娘向石道姑行礼的身段。石道姑是由秦肖玉饰演,她与我的默契很好,演出中真是让我有贴心的感觉。

《离魂》之后,以新整编的《问花》取代了《冥判》,除了有个石榴判官外,还有一个牡丹花王,这相当于一般演出本里的大花神,另外有六个小花神和一柳一梅及蜂、蝶、莺、燕,这场戏由郝鸣超老师主排,当时郝老师是吉林省京剧院的老师,因为家住北京,而且是我们院里的演员张毓雯的舅舅,与北昆的渊源很深,因此群众戏就请他主排。《还魂》一场也是郝老师主排,由于柳梦梅要掘坟,郝老师想出了由石榴判官挥舞两条红绸,舞完之后把红绸并起来,做个坟的象征形式。我就躲在红绸下面,当柳梦梅开坟时,两条红绸往旁边拉开,我就出来了。这场戏也是群舞,花神、花王、判官都出来了,观众根本没有发觉我是什么时候出场的,只见我从象征坟墓的红绸中走出来,效果很好,也开了判官舞绸的先例。1983 年演出时,周传瑛和张娴二位老师恰在北京,看了以后都觉得这个设计虽很新颖、很别致,却又合乎戏曲的基调。

从《问花》开始我就改了古装头，披纱，我们强调杜丽娘是魂而不是鬼。《拾画》、《叫画》、《幽会》、《冥誓》，也是合而为一的。石道姑在我们的《牡丹亭》中是同情及照顾杜丽娘和柳梦梅的，所以在《拾画》中，石道姑是陪着柳梦梅去游花园的，但游了半个园子，就因思念小姐，心生感慨，先回道观了。

《牡丹亭·问花》
蔡瑶铣饰杜丽娘，周万江饰石榴判官

柳梦梅《拾画》之后回到书房，确定画中人与自己有关系后，对着画像"美人，姐姐"地叫，杜丽娘的魂就由蜂、蝶、莺、燕引出来，站在画的前面，柳梦梅看到以后迎了上去，杜丽娘就躲到另一边，柳梦梅再一次迎上去，杜丽娘再飘回画前，柳梦梅又一次迎上去，杜丽娘就暂时离开了，柳梦梅疑幻似真，正好用"柳梦梅你好痴也"叫板起唱。这一段用的三扑三躲我觉得处理得很好。

《牡丹亭·幽会》
蔡瑶铣饰杜丽娘，许凤山饰柳梦梅

《幽会》的一段，一般在柳梦梅听说杜丽娘是鬼之后，都用发抖这种代表极端害怕的身段，拉远了柳梦梅和杜丽娘的距离。我们是用了几个冷热的起伏。二人初见面时，杜丽娘因为终于见到心爱的人而一团热情，但柳梦梅弄不清楚杜丽娘是什么来路，所以他是冷淡的。等到杜丽娘以略带哀怨的口气问柳梦梅"为何题诗在俺春容之

《牡丹亭·还魂》,蔡瑶铣饰杜丽娘,许凤山饰柳梦梅

上”,柳梦梅才发现眼前的女子就是自己的梦中人,因而热情相向,杜丽娘却又想到阴阳殊途,而退缩了下来。

等杜丽娘说明了自己的身世,柳梦梅叫出:“丽娘姐姐俺的人哪。”“我还不是人。”“不是人难道是鬼?”“是鬼。”“我不相信。”“是鬼。”“你是我妻。”“真个是鬼。”这一句扣一句的对白,加上三个“是鬼”的逐渐加重口气,使气氛逐渐催上去,等到柳梦梅终于理解到杜丽娘对自己的痴情,所表现出来的是惊而不是怕,惊于杜丽娘对自己的付出,而不是怕杜丽娘是个鬼。

学习到表演的精髓,就是要把每一次演出都作为一次再创造,许多演员都知道熟戏要当生戏演,我认为这只是一个认真的工作态度,如果每一次演出都作为再创造,则必须全心投入角色,如此一来常会出现一些不是预先安排的东西,这些东西积累下来,就是成功塑造一个人物的要素。而演员是为观众表演,要用有内涵的表演去吸引观众,不能特为去引领观众。

蔡瑶铣最后一次演全本《牡丹亭》是1986年,是一次纪念汤显祖的活动,原来饰演柳梦梅的许凤山已移民澳洲,改由满乐民演柳梦梅。2004年北昆重排“时牡丹”,由魏春荣和邵峥主演。经两代人的传承,《牡丹亭》成为北昆保留剧目。

三、《西厢记》

通过《牡丹亭》的成功排演，马少波认为蔡瑶铣的能力还可以再发挥，主动提出要为她写《西厢记》剧本。

马少波早在20世纪60年代就想把《西厢记》改编搬上昆曲舞台，直到1982年才付诸行动，几乎酝酿了20年。他说："早在60年代初，我就想把王实甫的杂剧《崔莺莺待月西厢记》重新改编成昆曲搬上舞台。二十年来，由于种种原因，未能动笔。去年春节茶会上，与李紫贵、李达同志欢晤，叙及此事，李达同志作为北方昆曲剧院负责人，以该院明确方针任务后，正要大力进行古典名著的推陈出新，力促其成。紫贵同志自告奋勇担任此剧导演，遂有合作之约。我于五月动笔，七月打印成稿，曾分送给有关专家征求意见。特邀傅雪漪同志作曲，八月曲成，九月开始排演。由蔡瑶铣饰崔莺莺，许凤山饰张珙，董瑶琴饰红娘，王小瑞饰崔母，张国泰饰法本，周万江饰惠明，王宝忠饰法聪，并请丛兆桓任副导演，鲁田、王龙根任美术设计。"[1]

事情就这么定了，对蔡瑶铣来说真是"天上掉下馅儿饼来"，喜出望外。

> 我当时虽和李紫贵不熟，但他在为上海青年京昆剧团排《白蛇传》的时候，我见识过他的导演风格。李紫贵是演员出身，又修习过斯坦尼斯拉夫斯基表演体系，导演手法真是非常细腻。

王实甫的杂剧《崔莺莺待月西厢记》，写成于元成宗大德年间（1299—1307年），是在"董西厢"的基础上进行改编的。"董西厢"指的是金章宗时期（1190—1208）董解元所作的《西厢记诸宫调》，是金代文学的一大成就。"解元"是当时文人的泛指，董是姓，名字已无考证。而这个"诸宫调"则是一种兼具说、唱而以曲子联套演唱为主的一种曲艺形式。北宋已有诸宫调，但有完整的作品流传下来的，则以《西厢记诸宫调》为最早。

《西厢记诸宫调》的故事源于唐代元稹的传奇《莺莺传》。宋代苏轼的朋友赵

[1] 转引自蔡瑶铣、胡明明：《走进牡丹亭》，东方出版社2005年1月，第241—242页。

令時(字德麟)把《莺莺传》的故事改成说唱,叫《商调蝶恋花》。两者情节上无大的区别,不同之处是《莺莺传》的结尾肯定了张生抛弃莺莺的行为,而《商调蝶恋花》则在结尾处把二人作为悲剧处理。

《西厢记诸宫调》在《莺莺传》和《商调蝶恋花》的基础上有了很大的改进。"不但变张生的抛弃莺莺为二人终于结合,而且将张生改成了一个忠于爱情、得不到莺莺宁可自杀的青年,莺莺也改变了原作中的纯粹被动的性格,被赋予了一个由被动演变为主动的过程,最终也不惜以自己的生命殉于爱情。红娘在原作中是个次要的角色,在《西厢记诸宫调》里却成为很活跃的人物。莺莺的母亲在原作中只起了介绍莺莺与张生相见的作用,对他们的爱情从未加以干涉,在《西厢记诸宫调》中却成为阻碍崔、张结合的礼教的代表,从而使整个作品贯穿了礼教与私情的冲突,在很大程度上改变了原作的面貌。"[1]

到了元代,王实甫在董解元的《西厢记诸宫调》的基础上创作了元杂剧《西厢记》。王实甫的《西厢记》比董解元的《西厢记诸宫调》"在一些关键的地方作了修改,从而弥补了原作的缺陷。这主要表现在:一方面删减了许多不必要的枝叶和臃肿部分,使结构更加完整,情节更加集中;另一方面,也是更重要的,是让剧中人物更明确地坚守各自的立场——老夫人在严厉监管女儿、坚决反对崔、张的自由结合、在维持'相国家谱'的清白与尊贵上毫不松动,张生和莺莺在追求爱情的满足上毫不让步,他们加上红娘为一方与老夫人一方的矛盾冲突于是变得更加激烈。这样,不仅增加了剧情的紧张性和吸引力,也使得全剧的主题更为突出、人物形象更为鲜明。再加上它的优美而极富于表现力的语言,使得这一剧本成为精致的典范之作"[2]。

从此,在中国戏曲的舞台上,王实甫的《西厢记》就不断地被改编,不断地以各种剧种形式搬上舞台。比如越剧早在1939年就出现了越剧版的《西厢记》,筱丹桂、贾灵凤、袁雪芬、张桂莲、陆锦花、王文娟、尹桂芳、徐天红等越剧演员都演唱过此剧。

1958年田汉把"王西厢"改编成了京剧,由郑亦秋导演,张君秋、杜近芳、叶盛

[1] 章培恒、骆玉明:《西厢记诸宫调》,《中国文学史》中册,复旦大学出版社1996年3月,第518页。

[2] 章培恒、骆玉明:《王实甫与〈西厢记〉》,《中国文学史》下册,复旦大学出版社1996年3月,第39页。

兰、李金泉、娄振奎等合演。而京剧中更为知名的是荀慧生的《红娘》等传统折子。

昆曲则在解放前就有《西厢记》的昆曲版,多以"南西厢"中的《佳期》、《拷红》等传统折子为演出本子。

马少波认为,王实甫的《西厢记》和《西厢记诸宫调》比,"原来的主题、情节、人物虽无大的改变,但匠心独运,彩笔描绘,使人物形象更加生动,结构更加严密,剧情更加曲折,反封建的主题思想更加鲜明,语言也更有生活气息,富有文采,成为我国古典戏剧遗产中的一颗宝珠。如果说'董西厢'是具有开创意义的作品,而'王西厢'则是跃上了世界戏剧艺术的高峰。七百年来,以其深刻的社会内容,伏脉千里,涉笔成趣的戏剧技巧和绚丽动人的文采,风靡了千千万万的青年男女。自1878年起,有法、英、日等多种译本相继问世,也被国外读者所赞赏"。他又说:"'王西厢'较'董西厢'更凝练,曲文感情充沛,更富有韵律美,也更增添了喜剧色彩。'王西厢'情节自然,充满诗情画意。戏一开始就在喜剧气氛中展开,喜悲交替,动静相衬,如同波澜起伏,引人入胜。它立足于写人物个性,塑造了崔莺莺、张珙、红娘等色彩鲜明的典型形象,刻画出每个人物的不同性格。作者善于写情、唱情,善于从内在的必然联系着笔,揭示人物心灵,真实地再现了典型环境中的典型人物和这些人物在不同的生活画面上展开的多变化的矛盾和冲突。全剧的主线是写崔莺莺、张珙、红娘同崔母之间的矛盾,亦即婚姻自主与'父母之命'之间、情与礼之间的矛盾;但也巧妙穿插和细腻描绘了崔莺莺、张珙、红娘三人间的误会和冲突,作为衬托的副线。这两条线有机地交织在一起,依据人物的心理变化而巧妙地、有节奏地展开,时张时弛,时动时静,时喜时悲,时聚时离,挥洒自如,色彩斑斓,突出了'愿普天下有情的都成了眷属'这一向封建礼教宣战的主题思想,从而产生了多少年来使广大读者为之倾倒的艺术魅力。元末剧作家贾仲明曾在吊王实甫的《凌波仙》一词中,有过'作词章,风韵美,士林中等辈伏低;新杂剧,旧传奇,西厢记天下夺魁'的赞语。清代李渔推之为'曲中之祖'。金圣叹称为'世间妙文,原是天下万世人人心里公共之宝'。明清以来,不少文人竟以《西厢记》为由作文章,连曹雪芹也让《红楼梦》里的主人公贾宝玉和林黛玉'西厢记妙词通戏语',其感人之深,可见一斑。"[1]

马少波改编的《西厢记》,对莺莺、红娘、张珙及崔老夫人几个主要人物都做了

[1] 转引自蔡瑶铣、胡明明:《走进牡丹亭》,东方出版社 2005 年 1 月,第 244—246 页。

《西厢记》剧组合影(1982)
前排中为导演李紫贵,后排左起蔡瑶铣、许凤山、董瑶琴

修整,让他们的言行、性格、身份更为统一。这出戏共分十场:《惊艳》、《联吟》、《寺警》、《悔婚》、《听琴》、《传书》、《赖柬》、《佳期》、《抗辩》到《惜别》。之后,张珙有没有考中,有没有跟莺莺团圆,就留待观众自己去想象了。

马少波的作品尽量保留王实甫的《西厢记》中的原词,尤其是《惜别》一场“碧云天,黄花地”由[端正好]起始的一套曲牌,保留得最完整。

在这点上,马少波对如何改编,怎样改编文学名著有深刻的认识。他讲:“近数十年来,我所看到的越剧《西厢记》和田汉同志的京剧《西厢记》,格调健康,比较符合原作的精神风貌。可惜由于越剧、京剧形式距杂剧形式较远,原作的隽语佳句,不易尽多地保留;其他京剧和地方戏曲的传统演出本,在流传西厢故事、发展表演艺术方面是有贡献的,但大多是依据李日华的‘南西厢’移植或改编的,艺术上蹈袭了‘南西厢’的不少弱点。纵观七百年来,所为仿作、续作姑置不论,改本虽多,提高得幅度不大,远不如元代以前的五百年间‘董西厢’之对《莺莺传》,‘王西厢’之对‘董西厢’那样地‘青出于蓝’,何况有不少是降低了原作的水平。如何让这部世人推崇的古典名著选择一个较易体现其基本精神风貌的剧种形式,在舞台上流传于世,使广大观众不仅可以读到文学剧本,而且可以看到演出，这应是我们这一代整理改编传统剧目的重要课题。”“王实甫是词章高手，对古典诗词造诣精深，而且善于从民间口语俗谚中汲取精华。《西厢记》的语言蕴藉生动，个性鲜明，富有生活气息，文采斐然。描写人物的心理活动、感情变化之细和吟景咏物之真，多借助于曲文之妙。大师的绮词隽语，多少年来脍炙人口。它华美流丽的语言特色，代表了古典戏剧语言艺术的最高水平。因此，在改编中不能不考虑尽多保留其语言的条理化。但只消极保留是不行的，应在原作基础上发扬光大，从更好地塑造人物出发，进行审慎的锤炼和必要的补充。人物既然要有所修整，又要适当照顾今日观众的欣赏要求，看来原作唱白可以整段保留的极少，只好以某段唱白为基础，采用集句或补写的方式润色调整，宜以符合生活逻辑、文采风貌较接近原作为准，避免牵强地挪移混用。改编本中保留得最完整的莫过于‘碧云天，黄花地……’那段千古绝唱。对那段唱也根据剧情略作了润色，如‘恨相见得迟，怨归去得疾’中的‘归’字，因张生此去并非返回故里，改作‘离’字似较贴切。《西厢记》是一座语言艺术的宝藏，有些唱白由于今天有限的演出时间容纳不下，只好割爱。同时原作夹杂了一些色情的唱白和当时虽然通俗生动而今天观众不易懂得的口语、民谚、文言典故，则须仔细推敲，加以删减或变换。”

马少波还说：“对待《西厢记》这样的古典名著，宜充分认识其精华，而又须弥补其不足。要看到改编的必要性、可能性，如果认为它神圣不可侵犯而无所作为，并不是对人民艺术事业负责的态度。另一方面，并非把人物、情节改动得越多越好；而是在原作基础上有所提高，又不露斧凿痕迹为好。”[1]

《西厢记》虽是个爱情故事，但排演起来并不容易，因为很多剧种都有这个戏，单以京剧来说，就有荀慧生的《红娘》和田汉所写、张君秋所演的《西厢记》。在角色行当上，崔莺莺和杜丽娘都是未出嫁的少女，还都是仕宦家世，都有被压抑的成分。如此看似雷同的人物，要怎么样把她们区分开来？

汤显祖的《牡丹亭》是虚幻的浪漫，是发生在梦境中，王实甫的《西厢记》则是现实生活中的事情。杜丽娘是无忧无虑的小姑娘，对自己梦中的爱情，执著地去追求，一往无前。崔莺莺则新遭父丧，还有一个自小定亲的婚姻关系存在着，这都造成她与杜丽娘不同方面和程度的压抑，加上一点性格上的小心眼儿，明明需要红娘

[1] 转引自蔡瑶铣、胡明明：《走进牡丹亭》，东方出版社 2005 年 1 月，第 247—248 页。

《西厢记》排练现场，左起董瑶琴、蔡瑶铣、导演李紫贵（1982）

俞振飞（中）观看蔡瑶铣《西厢记》排练（1982）

帮忙的事，却又要刻意隐瞒自己的感情，因此造成三番两次的约会、悔约。

《牡丹亭》的改编者时弢对我说：莺莺是高干子女，有些矫情，杜丽娘是书香门第，这是这两个闺门旦基调的不同之处。

在曲牌上，马少波的《西厢记》中的曲牌都是北曲，作曲傅雪漪则要求我“北曲南唱”，要唱得委婉，要把崔莺莺的少女柔情唱出来，要把闺门旦的特质表达出来。

第一场《惊艳》由张珙游普救寺开始，在他参观完大雄宝殿要出门之际，看到了莺莺，唱词是“莫非是南海观音下尘凡”，在仿佛看一个人由远而近的眼神下，莺莺持花枝出场，张珙则退入殿中观看莺莺的一举一动。莺莺是看着手中的花出场的，这枝花枝是第一场戏的贯穿道具。此时莺莺的心情是抑郁的，她仍在父丧之中，有个年幼的弟弟要照顾，还订了一桩不如意的婚姻。今天总算母亲同意她到大雄宝殿去玩玩，简单的一枝花都能舒解一下她的心情，偏偏红娘捧着一只受伤的小燕子，说是弟弟欢郎打伤的，真有些“焚琴煮鹤”的味道。莺莺把小燕子的伤裹好，放它飞去。张珙在后半场随着莺莺的走位，先在台右再走到台左，好像扶着大殿的门，静静观赏莺莺的“菩萨容颜，更兼菩萨心田”，被红娘发现，叫了声：“小姐，有人！”莺莺与张珙四目相接，花枝不由脱手落地，下场前又回眸一顾，正是“临去秋波那一转”，惹得张珙意惹情牵。他捡起莺莺掉落的花枝闻了一闻，不仅表现闻到了花香，似也闻到了持花人的余香。等老方丈回寺，张珙征得老方丈的同意，搬入普救寺借住。

《西厢记》，蔡瑶铣饰崔莺莺（1982）

第二场《联吟》，莺莺夜晚到花园烧香，听到已搬入别院的张珙吟诗，在红娘的怂恿下和诗一首，红娘的理由是“男女授受不亲，没说不许吟诗”，“别让他小瞧了咱们”。和诗之后，张珙想穿过虚掩的角门来拜访莺莺,被红娘迅速地挡在门外。下场时,莺莺再看看角门,有一种口不言心自省的感觉,这是两人第一次借诗传情。

第三场《寺警》是群戏,是应付孙飞虎抢亲的过程。莺莺见张珙说出“俺张珙拼上性命,也要救小姐脱此劫难”的话,想到也许可以借这件事改变自己的命运,于是向母亲提出不管谁能杀退贼军“儿情愿与英雄结婚姻”,崔老夫人在紧急状况下觉得“虽然不是门当户对,也强如陷于贼中”,于是张珙请小姐回房休息,他好写信搬请白马将军前来解围。莺莺在下场时给了张珙一个感激的眼神,张珙躬身相送,抬起头来正好合上莺莺的眼神。三场都有一个关键性的眼神,情绪不同,带出来的气氛也不同。

第四场《悔婚》以幕后齐唱[凯歌]表示白马将军平了贼乱,红娘很高兴地去请张珙过府赴宴,张珙也兴冲冲地应邀而来,没想到结果是夫妻变兄妹。莺莺、张珙和红娘一起以震惊的语气念出:“哥哥?”之后的[雁儿落带得胜令]是四个主要人物或三人合唱,或两人合唱,或一人独唱,而在地位调度上,吸收了电影特定镜头的作用,唱的人以情节带动走到台口,不唱的人则以旁观者的身份退到焦距之外,这样几推几拉之间,突出了各人的情绪,把气氛推到最高点。此时酒杯又成了贯穿道具。紫贵老师排戏很会运用道具,莺莺拿着酒杯苦苦思索,如果一声“哥哥”叫出口,一切就成定局,曲牌转为[月上海棠],唱“若不是一封书把半万贼兵破”时要看着张珙。最后没有办法,只能假装头晕,把酒杯掉到地上,由红娘搀扶回房。等红娘再被老夫人唤出时,一场混乱已经结束,大家都意兴阑珊,老夫人要送张珙回书房,红娘捡起地上的酒杯,生气地搁在桌上,对张珙说:“少吃一杯好不好?”张珙委屈地表示:“我哪有醉?”把自己的心意请红娘转达小姐,激起红娘的义愤,建议张珙借琴传情,成就两人的姻缘。这场戏紫贵老师没有用下场,而是在两人对话完毕后以切光结束。

第五场《听琴》是比较重的一场戏,张珙先上场,准备好了琴,只等红娘的暗号。莺莺比红娘先出场,这个出场比较特别,她的台步不是一个节奏,在音乐声中有快慢有松紧,完全随着思绪而变化,在[鹌鹑过紫花]的曲牌中来来去去地踱步,表现母亲悔婚之后她的烦躁、不安与踌躇。红娘上场以后,跟小姐闲话两句就以咳嗽声通知张珙可以开始弹琴了,莺莺听到琴声后的台词是:“琴声?”“谁在弹琴?”寻声望向别院,知道是张珙在弹琴,她想“走近一听”,却又碍于红娘在身边。这时,一直在观察她的红娘很识趣地说要去看看老夫人,就离开了。莺莺想要听琴又怕红娘突然回来，因此有从舞台偏右的位置快步走到上场门的大调度，确定红娘已离去，再迅速回到角门边仔细听琴，这样的大调度表示了莺莺在低沉不安的情绪中，有了令她振奋高昂的因素。听完琴，先放眼光，表示有希望，再收回眼光，表示不可能。接下来是两人对话式的自语，而张珙的一曲“凤求凰”，使得莺莺决定“好共歹不着他落空”。红娘再回来时给她的讯息却是张先生要回去了，莺莺要红娘转告张珙“还是再住一程的好”，然后由红娘搀扶下场，这时莺莺的眼神仍留在角门。这个下场，导演李紫贵安排的是莺莺的台步要配合张珙琴声的节奏，最后是向右转身，半侧面地背对观众，充分表现了咫尺天涯，两个心情苦到极点的青年男女的爱慕之情。

第六场《传柬》有两段戏，前一半是红娘把张珙的信送给莺莺，后一半则是把回信送给张珙。莺莺的戏以上场门的半个舞台为主要范围，张珙的戏以下场门的半个舞台为主要范围。红娘不敢把张珙的信当面交给莺莺，只能放在梳妆台上让莺莺自己发现。莺莺与红娘虽是主仆，但从小一起长大，也有姐妹般的情感，在这种场合就有女孩子间小斗气的情绪，在这场戏有几个特别明显的表情就是这么来的。当莺莺看到“珙拜”两个字，就下意识的很快把信合起来，怕红娘看出自己的心情，红娘知道小姐小心眼儿，也就识趣地躲开了，莺莺这才看起信来。看完信，莺莺表面不动声色，心中却暗喜；嘴里要骂人，心里却想着写回信；嘴上说信里要警告张珙“下次休要如此”，实际上却是约会的四句诗。这就是少波老师、紫贵老师及时弢老师一再强调的莺莺本身的自我矛盾和小心眼儿的性格，连红娘如此贴心的人，她都不敢把自己的真情表露。写信时，红娘在强烈的好奇心促使下，不自觉地凑上去想看小姐写什么，莺莺瞟了红娘一眼，停笔不写，红娘只好躲开了，但仍探头欲看，到第三次莺莺就用左手盖住了笔和纸，一副不写了的表情，红娘才死心。写完信，红娘怕内容不妥不愿去送，小姐把信扔在地上强迫她去，莺莺在下场前还有一个与红娘互相偷窥的动作，更增加了这一段的趣味性。红娘见了张珙本不愿把信给他，这一迟疑令张珙惴惴不安。他小心翼翼地打开信，就更增强了对信内容的惊喜，而红娘则在体认到小姐对自己的不信任的惆怅中下场。张珙在送走红娘之后，回身进门，看到太阳在身后照射投在地上的身影，再回身看太阳，“今日太阳下山为何这样慢哪”，“安得后羿弓，射此一轮落”，以左右手做出弯弓射箭的架势，拿着信的左手正好伸在前面，且正对太阳，这是一个比较特殊的身段。

《西厢记》，蔡瑶铣饰莺莺，许凤山饰张生

第七场《赖柬》又是一个高潮起伏的段落，张珙应约而来，莺莺满心盼望，红娘佯装不知，三个人怀着不同的心情用同一支曲牌［太清衮］唱出自己的情境，有几句因人物不同而变换了几个字。莺莺把红娘支开以后终得与张珙会面，但毕竟因心情紧张而下意识地呼唤红娘，没料到红娘躲在花荫深处偷看，却也习惯性地应声，当一声"哎"出口时三人都傻了。约会不成莺莺只得怅然回房，下场前回身看张珙，用眼神告诉他因为红娘在场，所以自己才变卦，但张珙没有明了小姐的眼神，只有在红娘的抱怨声中，扶着摔痛的腿慢慢过角门而归。红娘则背转身关上角门，无精打采地追随小姐回房。

第八场《佳期》，前半段是"送方"，张珙受了几次刺激因而生病，莺莺知道非下决心不可了，于是再请红娘去送药方，红娘怕莺莺故伎重施，不愿意去。言语之间终于解决了两人间的矛盾，莺莺确定红娘是可靠的，当晚由红娘陪伴去会张珙。在这个剧本中，莺莺与张珙的约会只是一笔带过，并没有特别强调，整个过程在［眉儿弯］一支曲牌中结束。

第九场《抗辩》是红娘在老夫人的逼问下，说出了莺莺与张珙交往的经过，而且把利害关系对老夫人剖析明白，终于使得老夫人同意莺莺与张珙的婚姻，但声明崔家不招白衣女婿，要张珙第二天就进京求取功名。红娘主要是抓住了老夫人"相国府怕出丑"的心理，一步一步地剖析。从［耍笑三台］曲牌的第一句"书斋事，可曾有"，导演就把红娘的自忖及与老夫人的交流安排得很明显，接下来的［桂枝香］把说与唱结合，更显出了红娘的伶俐，她一面说理一面观察老夫人的反应，而她的说理一方面运用老夫人平时教导她的做人处事的道理，另一方面则站在老夫人的立场，替老夫人设想，如此双管齐下，最后让老夫人不得不接受她的说法。

第十场《惜别》是长亭送别，这一段没有什么剧情交代，完全是情感的抒发，大段的唱。从写景的“碧云天，黄花地”到“霎时间杯盘狼藉”，再到惜别之情“几时重会？何日君归？”莺莺是肝肠寸断，老夫人却还要叫“莺莺这厢来”，莺莺赌气地不到母亲身边，反而走到红娘身边。红娘请老夫人先回去，好让莺莺与张珙说些体己话，老夫人有些心不甘情不愿，最后是众僧齐念佛号才送走了老夫人。

这场戏的[端正好]、[滚绣球]与[叨叨令]套曲是莺莺独唱。但在身段上有两种演法，一种是跟红娘，一种是跟张珙。

> 我们开始排这出戏时，导演安排的是红娘服侍老夫人先走，莺莺与张珙在后，但在整排时，马少波突然提出要由红娘与莺莺合演这一段，而让张珙先走。当时我们都不知为什么，也没人敢问。

后来，蔡瑶铣和岳美缇录制此剧时，导演李紫贵还是觉得《惜别》这一场该是莺莺与张珙合走身段比较合乎剧情，于是让蔡瑶铣去征求马少波的意见，马少波没有二话，一口就答应了。

> 出场是张生在前莺莺在后，两人都心事重重，距离是在无意中拉开的。张珙以为莺莺就在自己身边，回头一看莺莺是在身后，于是回头迎莺莺，莺莺也迎了上来，于是二人的情绪融合在一起，带动了下面一系列的舞台调度。

《西厢记》每一场的剧幅都不长，但每一场之间的情绪都是连着的，情绪也都是满的。

《西厢记》的演出非常成功，为此马少波特意给蔡瑶铣写了一首诗表示祝贺：“西厢独步活莺莺，岂止丽娘死复生。瑶草窦娥肝胆见，铣光原是汗凝成。”诗中后两句是藏头，写上了蔡瑶铣的名字。

“山欲高，尽出之则不高，烟霞负其腰，则高矣；水欲远，尽出之则不远，掩映断其脉，则远矣。”古典文学名著所具有的这种“流动的永恒性”和这种言有尽而意无穷的文学意境，为后人的改编和再创作留下了很大的余地，这在田汉改编的京剧

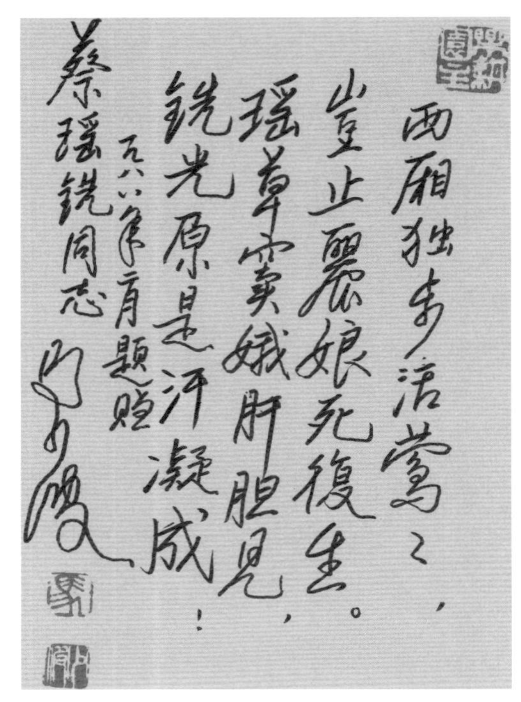

马少波为蔡瑶铣题诗（1988）

《西厢记》和马少波改编的昆曲《西厢记》上得到了充分的印证。

在演完《牡丹亭》和《西厢记》，以及后来我演的如元代关汉卿的《窦娥冤》、元代高明的《琵琶记》等戏之后，我对昆曲这个剧种到底应该演什么剧目或者说以什么剧目为主要的剧目这个问题有了进一步的认识和理解。如果有人问我，昆曲到底应该演什么样的剧目，我会非常明确地回答：文学名著，而且只能是文学名著。

著名古典文学专家吴晓铃曾在《蒜酪遗风》一文中说道："我一向持有这种看法：就戏曲分类学来区别现存剧种，昆曲属古典戏剧，京剧属传统戏剧，各地方剧种属通俗戏剧（或称民间戏剧）。"[1]

吴晓铃长期从事中国古典文学研究，是解放后出版的《西厢记》的最早注本的注者之一。主要著作有《西厢记》校注本、《关汉卿戏曲集》、《大戏剧家关汉卿杰作集》、《马连良演出剧本选》、《郝寿臣脸谱集》等。参与编写了《中国文学史》和《古本戏曲丛刊》等。显然吴晓铃的这种戏曲分类学的观点和联合国教科文组织授予昆曲为"人类口头及非物质遗产代表作"的做法是一致的。

蔡瑶铣也持同样观点："之所以昆曲能被授予'人类口头及非物质遗产代表作'的称号，我认为：古典是它最重要的，区别于其他戏剧形式的戏剧属性之一。具体说，就是规矩、工整和华丽。"

古典的背后什么？是古典文学。是古典文学的力量造就了昆曲。

[1]《人民日报》1987年12月29日。

在中国文学发展的历史上，古典文学是以诗、词、歌、赋、曲、话（本）、传（奇）等文学的样式存在，这个历史非常长。没有古典文学的支撑，你或可以说是传统，你也或可以说是民间，或更可以说是流行。但古典戏剧是不可以没有古典文学支撑的，这是历史形成的。在西方，歌剧、音乐、戏剧、美术、建筑等都有这样的特点，都有着西方自古希腊古罗马时期形成和发展起来的古典文学的支撑，非常规矩、工整和华丽。昆曲也是如此，从剧本、音乐、唱腔到表演等，规矩、工整和华丽，就像故宫一样。

> 既然昆曲是古典剧种，放着许多公认的一流的古典作品不演，为什么要去演非古典或不入流的作品，岂不劳民伤财，舍本求末。中国昆曲就像是威尔第的意大利歌剧、莎士比亚的英国戏剧、贝多芬的交响曲、欧洲文艺复兴的绘画一样。在昆曲这个"大象无形"的用艺术精神所创造的文学自由精神的王国里，你就像是在读哲学的著作和思想的笔记，更像是在读历史的百科全书。

黄宗江是昆曲"追星族"，少年时代就读天津南开中学时，课后常到剧场仰观王益友、韩世昌、白云生、侯益隆诸先贤演出昆曲，他说："那时台下的观众甚至只有我是唯一的小孩子。"黄宗江还经常"捧着《缀白裘》、《集成曲谱》，学习学习再学习"。抗战初期，黄宗江到北京燕京大学学习，和俞平伯、林焘等一起向仙霓社的笛师高步云学唱昆曲，20 世纪 40 年代，黄宗江到上海演话剧，仍然迷恋昆曲，经常到东方书场看朱传茗、郑传鉴、周传淞演出的昆曲。80 年代初，黄宗江、英若诚和周传淞在美国奥尼尔中心以英语合演《十五贯》。周传淞演况钟，黄宗江演娄阿鼠。

对昆曲，黄宗江认为："我当然是既重传统，亦重创新的。惟在传统的基础上才能创新，惟创新才能保住传统。然否？我也来它个 16 个字诀，曰：整旧如旧，整新如旧，整旧如新，整新如新。如此拗口，试阐述之：一曰整旧如旧。昆曲在某种意义上亦旧如奇珍文物，如任意打磨，便如佛头沾粪。例如《题曲》，表一痴女子夜读《牡丹亭》，伤心无限，独自低吟终场，清雅之极。如今日习加群舞，意境全失。顺带说一句：我从事剧艺，一生力求雅俗共赏，但也要为雅俗分赏争一席位。再曰：整旧如新。或如《长生殿》，虽是传统老戏，整理出来却如新稿。再曰：整新如旧，或如《司马相如》、《班昭》，虽是新编剧，却不失旧传统。再曰：整新如新。我还找不到例子。”[1]

回过头来看，昆曲上演了许多剧目，但留下来的，也只是那些如“西厢月底潜”的《西厢记》，“牡丹奈何天”的《牡丹亭》等这样的古典文学名著。难道不是吗，既然昆曲是中国古典戏剧“标志性”剧种，那么，我说，昆曲的主流演出剧目也只能是那些在中国古典文学史上具有“标志性”的剧目。这不光是因为昆曲是古典剧种，更因为这是民族文化历史的延续和象征。

五千年的文明史：规矩、工整和华丽。

六百多年的昆曲：是舞台上吟唱着的古典文学，是舞台上表演着的诗、词、歌、赋、曲、话（本）、传（奇）。

中国文化有以儒家为表、道学为内、诗词为性情的传统精髓。受其浸染，昆曲，如千树万树，恍隔天涯，梦一场，幻一场，聚一场，散一场，煌煌珞珈，灼灼其华；受其发生，昆曲，沉静内敛，清凉细腻，深邃而又变幻莫测；受其升华，昆曲，轻柔如雨滴，一点一滴地落下，会让喧嚣的尘烟渐渐地消散……

四、《窦娥冤》

《牡丹亭》和《西厢记》成功演出之后，勾起了我继续创作的欲望，我主动地想排新戏，我跟时弢老师谈到这件事，并且提出了想排关汉卿的《窦娥冤》。因为我觉得过去老的演法没有能完全达到“感天动地”的境界，时弢老师答应帮我改剧本。

元代的关汉卿是我国历史上最伟大的剧作家，以他为代表的元代杂剧，是推动元杂剧脱离杂剧“母体”走向成熟的杠杆，是标志戏曲艺术创作走上高峰的旗帜。他一生创作杂剧多达 67 种，创作的剧本数量超过了英国“戏剧之父”莎士比亚，被称为中国的莎士比亚。1958 年，世界和平理事会把关汉卿列为世界文化名人。《窦娥冤》是关汉卿的代表作，窦娥是关汉卿杂剧中最具震撼力和典型意义的一个

[1] 转引自蔡瑶铣、胡明明：《走进牡丹亭》，东方出版社 2005 年 1 月，第 260—262 页。

悲剧人物。而《窦娥冤》这出戏，也成了我们国家为数不多的能进入中学课本的古典戏剧之一。

元代杂剧和明清传奇是中国戏曲的两种体裁，它们既有戏曲文学的共性，又有戏曲文学的个性。明代吕天成《曲品》卷上论其区别云："金元创名杂剧，国初演作传奇。杂剧北音，传奇南调。"

元代杂剧全用北曲曲调，故又称北曲杂剧。因其形成于北方，受北方语言的影响，故曲韵只有平、上、去三声，无入声韵。唱词的安排，一折只用一种音调，四折四种，不相重复。曲文平仄通押，讲究音乐的动听和声调的优美。如关汉卿《窦娥冤》第三折曲调用[正宫]，由[端正好][滚绣球]到[煞尾]等十支曲子组成，押先天韵，一韵到底。

元杂剧的剧本形式，通常为一本四折。有时可加一至两个楔子，或放在第一折之前，用以交代人物和故事的前因，以引出正戏，相当于开场戏；或放在折与折之间，起承上启下作用，相当于过场戏。楔子一般只有一两支曲子。元杂剧一本四折的结构，好处是比较严谨和完整，但要在固定的四折戏中表现一个完整的故事，不免限制了剧情的充分展开。楔子和折构成本，但一本并不专指一部作品。有的作品可以超出一本，如王实甫《西厢记》合五本为一剧。元代杂剧剧本分为"旦本"和"末本"，这是由每本只能有一个角色主唱决定的，由正旦唱的称旦本，由正末唱的称末本。关汉卿《窦娥冤》是旦本，四折唱词由正旦窦娥一人主唱。

《窦娥冤》的主要人物窦娥是楚州民间一个贫苦女子。窦娥从小死了母亲，她父亲窦天章还不起债，又因为上京赶考，缺少盘费，把她卖给孤苦的蔡婆婆家做童养媳。到蔡家没两年，丈夫就害病死了，只剩了窦娥和她婆婆两人相依为命地过日子。

楚州有个流氓叫张驴儿，欺负蔡家婆媳无依无靠，跟他父亲张老儿一起，赖在蔡家，逼迫蔡婆婆嫁给张老儿。蔡婆婆软弱怕事，勉强答应了。张驴儿又胁迫窦娥跟他成亲，窦娥坚决拒绝，还把张驴儿痛骂了一顿。张驴儿怀恨在心。过几天，蔡婆婆害病，要窦娥做羊肚汤给她吃。张驴儿偷偷地在汤里下了毒药，想先毒死蔡婆婆，再逼窦娥成亲。窦娥把羊肚汤端给蔡婆婆喝。蔡婆婆接过碗，忽然要呕吐，不想喝，让给张老儿喝了。张老儿中了毒，在地上翻滚了几下，就咽了气。

张驴儿毒死了自己父亲，把杀人的罪名，栽赃到窦娥身上，告到楚州衙门。楚州知府桃杌是个贪赃枉法的贪官，背地里被张驴儿用钱买通了，把窦娥抓到公堂讯

《窦娥冤·斩娥》，蔡瑶铣饰窦娥

问，逼她招认是她下的毒。窦娥受尽了百般拷打，痛得死去活来，还是不肯承认。知府桃杌知道窦娥待她婆婆很孝顺，就当着窦娥的面要拷打蔡婆婆。窦娥想到婆婆年纪老，受不起这个酷刑，只好含冤招了供。桃杌把窦娥屈打成招，定了死罪，把她押到刑场去处死。窦娥眼看没有申冤的地方，她满腔悲愤地咒骂天地："地也，你不分好歹何为地？天也，你错勘贤愚枉为天！"在临刑的时候，她又向天发出三桩誓愿：一要刀过头落，一腔热血全溅在白练上；二要天降大雪，遮盖她的尸体；三要让楚州大旱三年。窦娥的誓愿居然感动了天地。那时候，正是六月大伏天气，窦娥被杀之后，一霎时天昏地暗，大雪纷飞，接下来，楚州地方大旱了三年。后来，窦娥的父亲窦天章在京城做官，窦娥的冤案得到平反昭雪，杀人凶手张驴儿被处死刑，贪官桃杌也得到应有的惩罚。

昆曲《窦娥冤》的剧本是在春节假期写好的，在关汉卿原四折的基础上压缩成两折，即《斩娥》和《辩冤》。入了夏开始排戏。这出戏是由郝鸣超老师导演，先排《斩娥》一折，这一折用的人比较多，有四个刽子手、四个皂隶，加上监斩官、蔡婆、窦娥，人头不少。郝老师排戏的原则是"只要站在台上就有事做"，这也是昆曲舞台上没有闲人的表演法则。在台上的人都有事儿干，也就是每个演员都要让他扮演的人物在舞台上活起来。

大热天排戏是很辛苦的,蔡瑶铣那时三十多岁,是身体最好的时候,经常一个上午都跪在那里,也不觉得累。大家也都很投入,常常排得眼泪汪汪的。

《斩娥》的词是很浅白的,一看就懂。例如[滚绣球]中的"地也,你不分好歹难为地。天也,你错勘贤愚枉做天"。因此蔡瑶铣在唱念上做了些突破,唱要有朗诵的感觉,念要有音乐的感觉。这样相互融合以后,整个感觉就很生活化了。法场一段对蔡婆的念白,更借鉴了话剧的抑扬顿挫,让整段文字为感情服务,窦娥"想母母不在,盼父父不归"就更让人同情了。行刑之后以白绸裹身,象征大雪覆盖了窦娥的尸首,也是很有创意又合乎剧情的处理。

《斩娥》一折是在国庆前演出的,国庆假期我在郝老师家又把另一折《辩冤》的架子搭了起来,假期过完开始排。由于《辩冤》只有窦娥、窦天章和一个书吏,用的人比《斩娥》明显的少了很多,安排比较容易,所以我后来单演《辩冤》一折的次数比较多。

一般都用老生扮演窦天章,郝老师却看中了花脸演员周万江在舞台上的激情表现,而决定用花脸来扮演窦天章。在表演中让周万江加入了一些老生的表演手法,因为窦天章毕竟是秀才出身。

《辩冤》一开始有一小段窦天章和老书吏的对话。一方面是为后面的戏铺垫,因为书吏是送宗卷来的,另一方面,如果《斩娥》与《辩冤》连演,蔡瑶铣需要一点时间赶妆。这段对话虽不长,但很能表现官场中的一部分人际关系的处理方式。老书吏是同情窦娥的,但是他还摸不清窦天章是什么样的官儿,所以对窦天章的问话只是点到为止地回答,窦天章也不是第一天为官,了解书吏的谨慎,就不再逼问。这是昆曲细腻的地方,也是昆曲累人的地方。

为了戏好,任何一个看似不起眼的角色,都不是可以随随便便把台词念完就下台交差了事的。

接下来就是窦娥出场,看到老父瞌睡沉沉,想要叫醒父亲诉一诉自己的思念之

《窦娥冤·辩冤》，蔡瑶铣饰窦娥，周万江饰窦天章

情，又怕吓坏父亲，只能在老父身边徘徊犹豫。

窦天章惊醒后唱[得胜令]，郝老师借用了几个老生的身段，像“今日个旧地又重来”的三步走，“鬓白颜衰”的三拂袖，在花脸的粗犷中融入了老生的斯文。此时窦娥的位置在小边的后场，窦天章在大边的前场。窦娥在前一句中要配合窦天章的节奏，跟着往前走，在后一句中，窦天章往前，窦娥却要往后。这一进一退之间两人要有如被一条线牵着一样行动一致，一个在思念女儿，一个在观察父亲，父女之间的亲情糅在一起，十分感人。

窦娥对父亲诉冤时还有一大段念白，要很注意语气的掌握，从“人间知我冤，白练喷红万民哀”，到“苍天知我冤，暑天飞雪葬尸骸”，再进到“大地知我冤，楚州三载降旱灾”，一层层深入，而旱灾让黎民百姓遭殃是窦娥最不愿意也是最无奈的结果。在念这一句之前蔡瑶铣有一个很明显的咬嘴唇的动作，然后把一个一个字从牙缝中挤出来，以达到冤屈惊天动地的效果。

演完《窦娥冤》后，蔡瑶铣的昆曲表演又达到了一个新的起点，这主要是从她演的角色谈起。蔡瑶铣演过的昆曲名剧如《牡丹亭》、《西厢记》、《长生殿》等，其中的女性人物大都是姿色靓丽，情意缠绵，尽管有的人物是悲剧性的，但不能算是“苦戏”。而从《窦娥冤》开始，蔡瑶铣开始尝试“苦戏”。这很大胆，也是挑战，因为没有多少演员真正愿意演“苦戏”，一来不好演，二来不讨巧。

五、《琵琶记》

1992 年，我开始准备有“南戏绝唱”之称的昆曲《琵琶记》。

昆曲《琵琶记》是个典型的“苦戏”。

蔡瑶铣在剧中扮演赵五娘。民间曾广泛流传的一句话“糟糠之妻不下堂”，那就是从赵五娘身上留下来的。

1953 年我在上海看过越剧《琵琶记》，戚雅仙饰赵五娘，毕春芳饰蔡伯喈，陈金莲饰张广才，越剧名角傅全香也唱过。

蔡瑶铣演的这个昆曲剧本是著名戏剧作家郭汉城和他的学生谭志湘根据高则诚的原著改编的。原著共四十九折，改编后的剧本只有六场。面对这样一个高度浓缩的改编本，怎样来塑造人物呢？郭汉城和谭志湘在剧本前言中作了这样的提示：“每个民族都有自己的性格。《琵琶记》引起我们对中华民族优质与劣质的思考。无疑，在赵五娘、张大公身上体现出的是中华民族的传统美德，绝不能简单地冠以封建道德，孝、节或者是孝义，强大的封建势力决定着他们的悲剧命运，其中也

蔡瑶铣与郭汉城合影（1993）

包括赵五娘。这就造成了逆来顺受，忍受中求生存等我们民族的劣质。”

沿着这一思路，在导演的启发下，蔡瑶铣立出了一个新的赵五娘。

跟以前演的《牡丹亭》等不同，这个戏是写实的。

> 赵五娘不能过多去运用一些程式身段。所以我首先抓住声腔这一关，通过声音的控制、音色的变化、吐字的运用、唱腔的调色和节奏的快慢等，把赵五娘的善良、痛苦以及人物“忍而怨、怨而怒、怒而发”的情绪发展充分体现出来。如《吃糠吃秕》一场中我用哭泣的音色唱出“滴溜溜难穷尽的珠泪……”把赵五娘在灾荒年月里，盼夫不归，独侍公婆，糟糠自咽，而又被婆婆怀疑的一肚子心酸倾注出来。在《难描难别》这场的唱段中我着重掌握住音量的控制，从“公婆死后要相逢不能够……”用微弱的声音慢慢唱出，把赵五娘悲痛欲绝，欲哭无泪的情绪展现出来，直唱到“画不出他盼孩儿睁睁双眸”时把音量放出，再配上双翻水袖的强烈身段，描绘出公婆包括她自己盼儿盼夫不归的悲伤心情。在唱到最后一句“怎也画不出你的欢容笑口”的拖腔时，我把昆曲传统唱法的“橄榄腔”作了大幅度的夸张，强化了赵五娘的悲痛感情。

《琵琶记》的总导演是李紫贵，执行导演是丛兆桓，作曲是傅雪漪。声腔在《琵琶记》里占了很重的分量，整个表演中身段不多，完全靠饱满的情节借助唱腔表达人物所处的环境。

> 由于大部分的时间赵五娘都是为生活所迫，因此在唱的时候音色不能很漂亮，要放厚实一些。

这个戏是新老演员合作的戏，蔡瑶铣演赵五娘，蔡伯喈由青年演员王振义饰演。1992 年先排演了《吃糠吃秕》和《描容别坟》两段，效果很好。1993 年，把其余的四场也排出来了。

《琵琶记》共分六场：《辞官辞婚》、《吃糠吃秕》、《赏月赏荷》、《难描难别》、《闯帘闯阁》、《亦喜亦悲》。高明的原著就是分两条故事线发展，直到赵五娘与牛小姐见面，两线才合而为一。剧本也是双线对照着交互发展，其中赵五娘有三大段唱，分别在“吃糠”、“描容”和“闯帘”时。

《琵琶记》,(右起)蔡瑶铣饰赵五娘,王振义饰蔡伯喈,魏春荣饰牛小姐

《辞官辞婚》基本上是蔡伯喈的戏,但是在等黄门官替他转奏折的空当,剧本安排了一小段倒叙式的剧情,就是蔡伯喈想起五娘为他送行的光景,两人有对唱。此时赵五娘是闺门旦的形象,唱作舒缓纤细,展现她的花容月貌和贤惠品性,跟后来为生活奔波的狼狈模样,成了强烈的对比。

《吃糠吃秕》的开场有四句伴唱:“忍饿耽饥何日了,伯喈一去无音耗,甘旨萧条米粮缺少,哎呀天哪!真个死生难保。”在这段伴唱中,赵五娘拿着空米袋,拖着疲乏的步子回家,碰到张大公,张大公给她一碗米,她拿着碗,作势把米抓起来看,然后跪谢大公,大公要她快回家吧。这段表演虽短,却是后面苦日子的伏笔。

从“吃糠”开始,赵五娘才算正式出场。在这场戏中,她周旋在公婆之间,不能说公公不对,也不能说婆婆不对,只能把责任揽在自己身上。看公婆吵得不可开交,只能抓住二老的袖子跪下劝说,哀求二老在灾荒之年多多保重。“平平安安和和美美,等待伯喈回来”,这段话要说得深情,要含泪念出,语气化重一点,才能感人,而且声调要低一点,才能有沉重的感觉。“等待伯喈回来”略略扬起一点,给二老和自己一点希望。二老听说有饭吃,很高兴地就座,婆婆看到仍是稀粥一碗,有些失望，也有些不高兴，还跟五娘要菜吃，被公公劝阻下来，五娘却是有苦说不出。当公婆问五娘怎么不吃时，她有点闪烁地借收拾碗筷掩饰自己，说“到厨下去吃”，而对公婆的疑心，她也只能让眼泪在眼眶中打转。

“吃糠”时大段[山坡羊]和[孝顺歌]是重头唱段。[山坡羊]要用哭泣的感觉来唱，多用气声，因为吃不饱，显得有气无力的。五娘出场时，要延续前场的情绪，眼泪含在眼眶中。唱“乱纷纷难宽解的愁绪”时回头看公婆所在的地方，这一怀愁绪都在公婆身上。“战兢兢难测的祸福”是一个往后退的身段，用退的感觉表示自己对未来的恐惧，将来的日子要怎么过？“病恹恹难扶持的弱体”以沉重的脚步，显示饥饿以及带病之身。“糠啊……我待吃呀又怎吃的”，蔡瑶铣用了摇头、咬唇这些比较生活化的表情，表示糠实在不能吃，把碗放下，可是不吃又饿，只能勉强吞咽。“千辛万苦为夫婿，苟活片时待相聚”这一段的感情丰富，动作少，要唱得声情并茂。

[孝顺歌]则是五娘与糠的交流，先是背身吃糠，因为难于吞咽而“呕得我肝肠痕珠泪垂”。接下来的一大段唱，字要咬一些，要从齿缝中挤出来，加上气音，想到自己的命运和糠相同，被舂杵，与米被“簸扬做两处飞”，自己的辛酸能向谁诉？真是糠自咽，苦自吃。

> 在这两段唱中，傅雪漪加入了海盐腔的旋律，用伴唱来加强气氛，我自己的唱腔部分则都是上班途中，边骑车边揣摩出来的。

公婆发现五娘在吃糠以后，五娘的满腹委屈终于爆发。

> 此时，我觉得传统的表演手法不够用了，于是采用了一点现代戏的表演方式，我是背过身用抽泣的动作让身子略为发抖。当婆婆说糠是“喂猪喂狗之物，你怎么吃”，我是先闭眼，头微扬，迸出“媳妇乃是你伯喈孩儿的糟糠妻”，这都是比较生活化的表演。

婆婆噎死之后，五娘觉得婆婆不对劲，用手去探鼻息，发觉婆婆已经身亡，只念出半个“婆”字就顿住了。公公听了五娘的口气不对，先退后再以跪步走到婆婆身边结束了这一场戏。

这一场戏导演容许我自我发挥，我觉得没有老的样式可以表现，于是放了一点接近写实的表演手法。但因为我基本训练是传统的，所以做出来也不会像话剧，观众们都还能接受，也很受感动。我认为一切的表演手法都是为戏、为人物、为感情服务，对于旧的格局不能为破而破，要让它自然发展，而且破格之后，要有新的东西补充进来。

《赏月赏荷》是蔡伯喈与牛小姐的戏，但中间夹了一段蔡公去世的戏，一方面是个交代，一方面也对比出蔡家和牛府天壤之别的生活情形。

这场戏我特别邀请了郑传鉴老师来主排。剧院当时比较困难，我自筹资金请郑老师来做艺术指导，排出了许多精彩的场面。

《难描难别》就是“描容别坟”。幕启时，赵五娘已在桌后，追光打在她身上，看得出是一身重孝在身的一身白，在开场音乐中，她目光呆滞，动作缓慢地磨着墨，表示公婆死后她已经发木，轻轻地唱出“一从公婆死后”，“要相逢不能够”几乎没有动作，只是慢慢抬起头来。“若要描”看手拿笔，心里琢磨着要怎么画公婆的遗像。“我欲写，写不出他苦心头”回忆着公婆的苦相。这几句都是由赵五娘的动作反映出公婆的形象，都是无意识地做身段，心里想的是“我就这么画吗”，到了“我画不出他盼孩儿的睁睁双眸”才爆发出来，这里有个大幅度的水袖双翻，表示画不出公婆的眼神。要有自己在唱，但又不是自己唱的感觉。

第五场是《闯帘闯阁》。赵五娘拖着疲乏的步子，由下场门出来，且走且唱，到上场台口坐下唱，表示她卖唱行乞上京。舞台上虽然只有一个人，却感觉有人在听她弹琵琶，于是她慢慢站起来，走到台中间，把琵琶举过头，跪在地上，好像接受听众的赏钱。这一段虽短，却很能表现赵五娘进京寻夫的辛苦。

我有时真的是眼泪在眼眶里打转。傅老师作曲，旋律的走向跟情绪的起伏非常一致，该扬的时候扬，该抑的时候抑，我唱起来觉得特别的舒服。

［二郎神］与［啄木儿］两段是重点唱腔。五娘掀起镜罩，看到自己的憔悴容貌，不由一惊，手一松镜罩掉落地上，后退两步，双手摸着两腮：“这是我吗？”

《琵琶记》，蔡瑶铣饰赵五娘，周万江饰张大公

我没有用传统的搭鬟的身段，因为我觉得搭鬟不足以表现五娘对于自己容貌改变的震惊，然后再扑到镜前，仔细地看清楚，的确是自己，难过地闭上眼，略略垂下头。这几个动作都是在以唢呐主奏的配乐中完成的，“容萧煞”以散板缓缓地唱出，有点像小导板。“菱花镜可还认识咱”是用大慢板的节奏演唱，“菱花镜”再一次抱镜，好像跟镜子说：“你还认得我吗？”“咱”字是咬牙念出来的。“想翠钿罗襦当日嫁……红颜绿鬓无差”，都没有大动作，就是跟着唱腔的节奏一步步往台中央走，“红颜”摸摸脸，想着自己也漂亮过，也过过穿绸着缎的日子。丫环拿金钗给五娘戴，情绪开始变化，唱腔跟着转中慢板，看“钗儿双凤朵”，自己却是“形孤影寡”。这里有个小过门，丫环拿衣服给她穿，她正好从镜子里看到牛小姐和惜春，不但穿得华丽，人也长得漂亮。“‘帘中人’更是美如霞”，我有一个慢转身，打量她们，也想到这就是蔡伯喈不回家的原因。丫环拿花给她戴，将花比人，情绪渐渐激动起来，“只缘相府权势天来大，是我夫三不孝罪孽根芽”，由中快板最后推到一小节一拍的快板，唱到“难按捺”急收住，冲动地想冲进帘内跟牛小姐理论，被四个丫环拦住，想想不能不理智一点，最后是以散板轻轻唱出“闯帘栊，休得鲁莽村沙”结束。这一大段里，有轻重的对比，也有力度的对比和长短的对比，我每次唱完都觉得很痛快。赵五娘在帘外改装，牛小姐也在帘内梳妆，也对比出两人的处境。

接下来是两个人的对话，牛小姐因为满腹心事，对道姑打扮的赵五娘并不设防，就把家里的事都说了。五娘跟在牛小姐的侧后方是一步一步地试探，一个有心，一个无意。“夫人也有公婆么？”“俺自有年迈公婆。”“夫人定是晨昏侍候了？”“相隔遥远，不能晨昏侍奉。”“为何不接来相府？”听说牛小姐已派人去接公婆，不由赞叹“好个贤慧的夫人”，却引发牛小姐心中的愁苦，堂堂的相府千金倒成了“次妻”。赵五娘一点一点地感觉到牛小姐的善良，仍忍不住做最后的探询：“夫人与那赵五娘只怕难以和睦相处。”听牛小姐说自己会“恪守妇道忍耐迁就”，而且已经去接赵五娘时，终于忍不住暴露了自己的身份。

这段戏并不是一味地从顺从的角度去描写两个女性的接触，对于自己不是丈夫唯一的女人，两个人都有思想上的挣扎，最后不得不屈服于现实环境，我觉得这样比较合乎人性。

最后一场《亦喜亦悲》，牛太师读完圣旨要“蔡中郎、二位夫人更换吉服”，五娘拜过公婆后披上一件红斗篷，这件斗篷可以看做是皇权的象征，许多事都是皇上说了算，皇上要赐婚，皇上又不准蔡伯喈辞官，所以才有这些曲曲折折的事。张大公见了蔡伯喈就要以蔡公的藜杖打伯喈"三不孝"，五娘和牛小姐为他求情，最大的理由还是"圣命难违"。牛丞相请张大公在碑文上题"全忠全孝蔡伯喈"，张大公认为蔡家只有孝妇没有孝子，皇上的圣旨中却说"蔡邕笃行孝道"，张大公也只能遵办，不过在题字之后掷笔以示不满而已。

祭坟之后，众人离去前，赵五娘先脱了斗篷再拜公婆。拜完之后，牛小姐去捡斗篷，赵五娘也去捡，基于微妙的心理，两人又一起放下了斗篷，最后是丫环捡起了斗篷，为五娘披上，五娘看着公婆的坟，慢慢下场。

《琵琶记》1994 年获得文化部颁发的"文华奖"。著名戏剧作家郭汉城也对蔡瑶铣的表演给予了很高的评价，他在《〈瑶台仙音〉序》[1]中写道：

瑶铣秀外而慧中，聪明而正直，不慕浮华，不逐名利，对事业孜孜不倦。这种素质影响她艺术个性的形成。1987 年瑶铣获得第五届中国戏剧"梅花奖"，她的长期合作者之一、昆曲名家傅雪漪先生写了一首《蝶恋花》向她祝贺。词的末一句"冷香不用雕栏护"，既言其艺，又及其人，也是为她"寓激情于含蓄，融绚烂于冲淡"的表演风格作形象的注脚：香冷则味冽，也即外似平淡感情极为丰富，出于自然，流于至性，无论平淡激烈，皆出于一个"真"字，故能融于一体，非借虚荣浮饰作为所为的"雕栏"。我之所以佩服傅先生"冷香"的评语，是知人之语、知艺之语，非经长期合作所不能道。关于这一点，瑶铣在排演《琵琶记》中我也有一点小小的体会。赵五娘是一个古往今来、家喻户晓的典型，许多艺术家演来都有各自的特点，瑶铣又有自己的开掘。瑶铣有一篇文章，谈演赵五娘的体会，题目是《我就是赵五娘》。这个"我就是……"，不是美学意义上的"我就是……"，而是对人物的同情、热爱和全身心的投入。有人看《琵琶记》，把瑶铣演赵五娘的表演归结为"忍而怨，怨而悲，悲而怒，怒而发"十二个字，这就把赵五娘的感情具体化了。瑶铣演得那么真实，那么动人，使无数的人受到了感动。"闯宰"一场，赵五娘与牛小姐相会，她外表镇

[1] 蔡瑶铣口述，陈彬记录整理：《瑶台仙音——我的昆剧艺术生活》，台湾台北水磨曲集剧团 2005 年 10 月。

静，内心激动，这是忍，是千灾万难磨练得坚韧的力量。改妆照镜，引起身世之感，这是怨，怨自己孤身凄凉，怨豪门奢侈繁华。面对似花如玉的豪门贵女，勾起夺夫之恨，这是怒。她要闯进帘去，评个是非，讨个公道，这是发，也就是抗议人世的不平。一曲[二郎神]，犹如长江大河，几度纡缓曲折之后，忽而奔腾湍急、一泻千里。我在心灵受到震撼之际，也想到在人心深处、在人情的平淡和激越之间，潜在着融合南昆和北昆两种不同风格的可能性。历史上剧种融合的例子是有的，是发展模式的一种，瑶铣迈出了探索步子，是十分可贵的。

第八章 舞台记忆(下)

演绎不尽的是愁绪,是凋零;错错落落的是霓裳,是灵魂。人这一辈子,总都是免不了寂寞的。如花,开放总是刹那和瞬间,而成长则需要"寂寞"的一生。当"寂寞"的昆曲对一个人能达到"大音希声"的境界,能享受这个"寂寞",也许就是最幸福的人了。

如果说蔡瑶铣排的大戏如《牡丹亭》和《西厢记》是靠老师教靠自己学的话,那么之后的大戏《琵琶记》则更多靠的是她自己的理解。十几年的时间,蔡瑶铣的艺术人生有了一定的积累和历练,她的昆曲表演艺术日臻成熟,陆续恢复或者排演了一些传统"折子戏"或者是"串折戏"。

一、《风雨像生货郎旦·女弹》

那是我在《血溅美人图》演出后,傅雪漪为了要让我领会北曲及北昆的风格,开始为我拍《女弹》的曲子。

《女弹》是元代杂剧《风雨像生货郎旦》中的一折,作者已不可考。女主角张三姑原是长安秀才李彦和家中的奶娘,李秀才娶了一个妓女做小妾,弄得家破人亡,后来靠着张三姑走江湖说唱，找到失散的儿子李春郎，一家三口得以团圆。

这出戏的主曲是[九转货郎儿]，属于北曲。最难唱的是[四转][五转]和[六转]。

蔡瑶铣

傅老师就从这三段开始教我，一唱就是半年。我本来就喜欢唱曲，觉得这样拍曲很有滋味，傅老师要求很严格，咬字、唱法都一丝不苟。

曲子拍完后，傅老师说：你们自己去排吧。我们到大庆演出《牡丹亭》和《西厢记》的时候，我和张国泰、王宝忠、许凤山闲聊，都觉得可以把《女弹》排出来。许凤山是我们院里的小生，他曾跟白云生先生演过这个戏，演法上比较简单，我们决定让它丰富起来。许凤山提供了很多资料，包括张三姑穿长坎肩，头上包蓝绸巾，都是照他说的。原先李春郎是做文小生的打扮，戴纱帽穿红帔，后来想想他是承袭了千户的官职，就改成了武小生的扮相，还戴上狐尾。

一般排戏的过程中，唱念完成就已完成塑造人物的一部分了，开始排《女弹》时，蔡瑶铣对张三姑这个人物已经有了想法，所需要的就是慢慢把她体现出来，并且丰富她。

最早这折戏有两场，第一个是个小吊场，由李彦和自报家门，把家里的情形略作介绍，然后张三姑出场唱[一枝花]的前两句。李紫贵老师看了以后，认为这个小吊场没什么意义，建议删掉这场戏，让整折戏更紧凑更精炼，他说得很有意思："不要吃了半天包子还是皮儿。"剧组接受了建议，直接上李春郎，因为想听说唱，由驿丞官找来了李彦和与张三姑承应。

我想张三姑已是个走江湖卖艺的，绝不是秀秀气气的大家闺秀，因此我运用了一点生角的台步。

[九转货郎儿]唱的是李彦和所编写的自家故事。由当初如何娶妾开始,小妾如何把大妇气死,家中惨遭回禄之灾,一家四口如何逃难,小妾与奸夫又将李彦和推入江中,张三姑把春郎卖给千户做义子,一节紧似一节。

我由坐着唱到站起来唱,逐渐再加入大幅度的动作,使用的道具有醒木(惊堂木),有琵琶、扇子和拨浪鼓。

[二转]是描述长安城的景致,基本上是坐着边弹琵琶边唱,没有什么身段,但是眼睛里要有景,好像看到长安城"密层层的朱楼高厦,碧耸耸青檐细瓦"。唱"那王孙仕女乘车马"时蔡瑶铣把琵琶横摆右侧,好像马车的意思,是比较特别的一个动作。

[三转]是唱李秀才如何牵媒拉线。

郝鸣超老师给了一些建议,让我加强形象化,我就加入了模仿媒婆和妓女的动作,这不是耍噱头,说书人本来就是说到什么人就要把人物表演出来,演到这里常会引起观众会心的一笑。

[四转]是说小妾娶进家门,怎么弄得家中鸡犬不宁,从起唱前的两句诗"未经三五日,叫骂九千场",就已点出这个家庭有了什么样的变化。词句虽然有点夸张,但夸张得有趣,观众也很接受。最后唱到"冷了四肢",张三姑在桌子后面有一个身子略为前倾的身段,而李春郎也在同时做同样的动作,只是张三姑是面对前言,李春郎却是面对张三姑,这就是昆曲细致的地方。台上没有闲人,都要跟着剧情走,哪怕李春郎的动作小一点,观众也可以感觉到,他被张三姑的故事所吸引,而不自觉地有相呼应的动作。

[五转]是形容家中失火火势的猛烈,这段的身段是以扇子帮助表演的。扇子与惊堂木都是说书人的道具,所以用扇子来形容火势也是很自然的。

郑传鉴老师有很多帅气的身段,都被我转化到[五转]中,譬如横持扇子在胸前绕小圈,形容房顶被火烧得摇摇欲坠的样子。

唱到[六转]时,因为是形容李秀才一家人在倾盆大雨中落荒而逃,旋律紧凑,动作多而幅度大,许凤山说:"小蔡,这儿你得来一段女《挑滑车》。"《挑滑车》是京剧长靠武生的戏,蔡瑶铣演的虽然没有那么勇猛,但是从旦角的角度来说,已经是很大的动作了。

《女弹》,蔡瑶铣饰张三姑(2002)

这时道具换了拨浪鼓,起唱前我先摇响了鼓,就带起了这段的气势。配合唱词我使用了生角经常用的同手同脚在身前画弧线的身段。还有武生背枪的身段,只不过我背的是拨浪鼓。还有挡风遮雨的身段,最后在正反两个转身之后,配合急速收尾的唱腔,拧身坐在台毯上。这时观众总会报以热烈的掌声,我想不仅是因为我的唱作,也是因为剧情够味儿。

[七转]换了调门儿,唱的是奸夫把李彦和推入江中,张三姑只能眼睁睁地看着男主人遇害而毫无办法。

[八转]是描述老千的穿着打扮,因觉得跳脱了全剧的主题,所以排的时候就把这段删掉了。

[九转]是最后的高潮。李春郎越听越像自己的身世,也跟张三姑做出相对应的身段。张三姑最后以一个高腔唱出了"名唤做春郎身姓李",结束了[九转货郎儿]的曲牌,案情也终于大白,一家三口相认,合唱[尾声]。

在这出戏中,由于张三姑的身份不同于一般闺门旦和正旦,所以我在唱法上也有了突破,譬如[二转]中的"青檐细瓦"是低腔,要找低音共鸣;"铜驼陌纷纷斗奢华"是高腔,要把喉咙上膛打开等。[七转]中的"黄泉下"要把声音放宽放圆;[三转]中描述妓女张月娥和媒婆的字句,都要唱出和她们身份相当的味道,再配合身段和表情,张三姑立刻能转换成张月娥和媒婆的形象,这也是说书人应该达到的境界。

《女弹》这出戏把谢幕都设计的与其他戏不同。一般演出结束后先闭大幕,再开大幕谢幕。《女弹》为了不使气氛散掉,在唱完[尾声],李彦和父子向张三姑行礼致谢后,演员就直接走到台口谢幕了。

《女弹》是蔡瑶铣到北昆后第一部自己排自己演的传统样式的折子戏,也是1988年蔡瑶铣梅花奖专场中的一折。2002年蔡瑶铣把这折戏传给了北昆的董萍,非常遗憾的是两人先后去世。《女弹》这折戏最大的艺术特色就是北套[九转货郎儿]。北有"女弹",南有"男弹","男弹"指的是传奇《长生殿·弹词》,也是唱北套[九转货郎儿],属蔡瑶铣的同学上昆的计镇华先生唱得最好。

二、《玉簪记·琴挑、问病、偷诗、秋江》

《玉簪记》是明代高濂的作品,原剧本所获得的评价并不高,但经历代演员打磨,也磨出了《琴挑》、《偷诗》这样的经典折子戏。

《玉簪记》的时代背景是北宋末南宋初,女主角陈妙常随母亲逃难却不幸失散,只得在道观栖身。男主角潘必正因科考落第不好意思回家,只能到道观投靠姑母。二人一见钟情,感情发展迅速,观主怕出事,硬逼潘必正再度赴试。潘必正高中之后前来迎娶妙常,观主也不再阻挠,让妙常还俗随必正回家。到潘家后见到投靠潘家的母亲,才知二人原就是自幼指腹为婚的夫妻,于是阖家团圆。

原剧共有三十二折,如今舞台上常演的不过四五折,但这几折戏已足以表达剧情,并且留给观众无穷的想象空间,所以很受欢迎。

《琴挑》、《问病》、《偷诗》、《秋江》是最常演的,除了《问病》以外,都可以单演,也可以连演。《问病》是潘必正生病,观主姑母带着妙常来探望,基本上是承接了《琴挑》而为《偷诗》铺垫的一段戏,虽然加上老旦饰演的姑母和丑角扮演的书童进安,但全剧的独立性不强,倒是调和性色彩比较浓,一支[山坡羊]曲牌到底,妙常要表达的是理解潘必正流落他乡、客馆萧条的寂寞,两人也有一点同病相怜。《偷诗》是两人情感明朗化的过程,《秋江》则是潘必正被姑母逼追赴试,妙常偷偷赶去送别,只求有个交代。

《玉簪记》,蔡瑶铣饰陈妙常

这三段在情绪的表达上都比较直接。唯独《琴挑》是一种两面的表演,陈妙常要传达给观众的是既倾心于潘必正,又碍于自己出家人的身份,戏剧的冲突性由此而起。

我在学校时就学过《琴挑》,因为它的曲子太美了,我又喜欢唱,所以我一直很喜欢这个戏,可是我做不出来那种心里喜欢表面上又故作矜持的复杂情绪。"文革"末期我做过一次《琴挑》的录像,导演说我的表演不够,我也不知道要怎么样让表演"够",而且那个时候我还在演样板戏,几乎是完全不同的表演方式,我就更抓不到准确的情绪了。

1983 年,香港曲家顾铁华先生约我拍摄《琴挑》,我开始重新琢磨这个戏,也许是经过《牡丹亭》和《西厢记》的排演,我又学到不少表演上的窍门儿,我开始一步一步地进入陈妙常这个角色。后来为了带北昆的青年小生演员王振义,我又再去琢磨潘必正的心情变化,几年下来,至少我已把这两个人之间的往来感觉捋顺了。

我觉得《琴挑》的"挑"是由妙常起头的,她原来弹琴只是"稍遣岑寂",没想到会有人来听,而来听琴的人又是这个让她深具好感的男孩子,所以她在刚一看到潘必正时是略带一点兴奋之情的,因此"仙郎何处入帘栊"要稍微唱快一点。但是出家人的身份摆在那里，兴奋之情不能透露出来，所以在唱“莫不为听云水声寒‘一曲中’”时，有一个要走向潘必正又突然撤回的小顿挫。

陈妙常第二层的主动就在：“久闻足下指法精妙操弄绝佳，欲乘此兴请教一曲如何？”她主动的邀请潘必正弹琴。接下来两人互换位子时，有一下似有意若无意的碰撞，每个人的解释不同，就会有不同的表演方式。我的演法是两人同时拱手说“请”，边说边一起走到台中央，然后面对面地向前慢走。走了两步，下意识地抬眼看看潘必正，发现他正在看自己，就把目光避开。而潘必正是一直深情地看着妙常，因此妙常的反应都看在眼里。当两人最接近时，潘必正以一个轻抖水袖尝试碰触妙常，潜台词是：“你何必躲我呢？”然后两人分开各在上下场台口打背供，潘必正的潜台词是“你该明白我的情”，妙常的潜台词是“我明白你对我有意思”。各自归座后潘必正先看琴再看妙常，赞了一句：“好琴哪！”既赞琴也赞人，妙常接受了这声一语双关的赞美，有个“谢谢夸奖”的表情，同时也开始好奇潘必正要弹什么曲子。

[琴曲]有四句，每一句妙常都有一个反应，“雉朝雊兮清霜”，妙常是一个明白的眼神，表示：“喔！他给我弹的是这首曲子。”第二句“惨孤飞兮无双”，妙常回看他一眼。“念寡阴兮少阳”，妙常开始往左慢慢转身，并把云帚由双手同执改为横放在右臂上，等于在两人之间加了一层阻隔，表示“你对我的表白，我不能回应”。“怨鳏居兮徬徨徬徨”，唱完后妙常回身礼貌性的赞了一声：“好！”

接下来等于是第三层的“挑”：“君方盛年，何故弹此无妻之曲？”问话语气平静，看似不经意的一句话，实际上是要再确定潘必正有没有娶妻，这才引起下面一句紧似一句的表白和回应。“小生实未有妻。”说这句话之前，潘必正会有一点“你怎么问出这种问题”的惊喜。“这也不关我事”，妙常想表达的是“我可没那个意思”。“欲求仙姑。”“啊？”到了这个字从妙常口中说出，就达到感情上的高潮了，这一声“啊”有很多意思，有兴奋和惊喜之感，也有“我明白了”的意思，只是觉得潘必正的胆子也太大了，怎么能把话说得这么明白？所以用这个“啊”也有制止的意思，怕他说出更让人无法回答的话。这是一声含有爱意的责备，不能念得很重。念这个“啊”字的同时慢慢转身面对潘必正，但惊喜的眼神一定要让观众看到。这时潘必正也自觉太鲁莽了，要赶快找台阶下，急切间看到琴，灵机一动指着琴略带结巴的转变话题：“面面面教一曲如何?”每次演到这里,台下都会有反应。折子戏也有折子戏的高潮起伏,这一段表演就是《琴挑》的高潮,但分寸的掌握有些难度。

第二次换位子跟第一次略有不同,因为有了第一次的经验,这次妙常不再看潘必正,但是感觉是在潘必正的身上的,同时她也在思考要弹什么曲子给潘必正听,潘必正则心想:“你不看我,我也知道你的心思,何必这样呢?”于是再一次抖袖,妙常却有防备地躲开了。

妙常的[琴曲]第一句“烟淡淡兮轻云”,唱完时看了潘必正一眼,一方面看他的反应,一方面也告诉他自己的心情。第三句“叹长宵兮孤冷”唱完,潘必正有一句夹白“弹得好”,有的人解释做看到妙常的手漂亮想去摸她,我觉得不大合适,好像跳到戏的外面去了。我认为这是一句双关语,既赞美她琴弹得好,也了解她所说的“长宵孤冷”的确是实情,对应着下面说妙常“长宵孤冷,难消遣些”。妙常嘴里回答:“我们出家人,有甚难消遣处?”却是以心虚的口气说的,因为她是因战乱不得不寄身道观,日子的确不好过,偏偏潘必正又逼了一句:“这也难道。”让她有点下不了台,也不知所措,所以用一个“嗳”字打断了潘必正的话头,要以[朝元歌]来说明自己的心情,这个“嗳”字不能念得太硬、太凶。有的小生在念完“这也难道”后,有点因触到妙常内心深处而得意地跷起二郎腿,等妙常的“嗳”字出口,又警觉自己是不是大唐突了,再把腿放下。

[朝元歌]转为正宫调,也显示两人的谈话气氛进入另一个阶段,起唱的两下鼓楗子“多多”有起承转合的作用。我在第二声“多”时,跟潘必正对了一下眼神,互相从对方的眼神中看看自己在前面的反应是不是过度了。这一段是妙常故作矜持的表白,所以像“上我眉痕”、“冰清‘玉’润”、“怕‘谁’评论”的对眼神都是先冲再虚。“那管人离恨”、“有甚闲愁闷”这两句有两个人互逼的动作。“那管人离恨”先是妙常进必正退,妙常要说的是“我们出家人每天念念经、弹弹琴,日子过得很平静”,然后必正以“真是这样吗”倒逼回去。“有甚闲愁闷”则相反,必正进妙常退,意思是“你真的不愁不闷吗”,妙常再以“我就是这么平静”逼回去,然后让潘必正入座,“咱们坐下说”,舞台画面经过这一来一往就活泼起来了。

“上我眉痕”对了两次眼神,还是在强调自己的日子悠闲平静,潘必正敏感地觉得妙常其实是故作平静,所以在“云掩柴门”这句上有暗自好笑的表情。“果然是冰清玉润”这一句，我和顾铁华先生录像时，是他唱的，他说俞振飞老师认为这么唱也说得通。但我一般演出仍是由我唱这一句，我觉得在唱腔的连贯上比较顺，不过小生可以在这句唱词之前加一句“好个冰清玉润”，更强调两个人的思绪。

妙常因为是故作矜持，所以她并不是随时都敢正视潘必正，我在这段[朝元歌]的结尾“怕谁评论”的尾音中只把意思丢给他，而不再看他。

接下来潘必正唱，妙常的反应都是跟着唱词来的，不能过头，但要让观众看到妙常认为潘必正“说的都是事实，但我无法回应你”。因为都是事实，触动了妙常的内心深处，所以才会在“芙蓉月印”时不自觉地站起身发愣。不过末一句的“衾儿枕儿谁共温”也太露骨了，不由得妙常不翻脸，然而这也是含有爱意的责怪：“你怎么可以这样？喜欢我也不能这样说话。你怎么不顾我的身份呢？”潘必正也觉察到自己说过头了，没有体谅妙常的处境，因此急忙道歉，表示自己不是有意的，实在是太爱妙常了，却用了错误的方式来表达。妙常看到必正发急，心里也不好受，但是话言话语的，实在让妙常无法回应，本想接受他的道歉，终归说不出口。在道歉不被接受的情况下，潘必正觉得再逗留下去也是没趣了，只好告辞。妙常听说他要走，又有点舍不得，脱口叫了一声“潘相公”，却又不知要接什么话头，只能说“花阴深处仔细行走”。潘必正既爱慕妙常，自进房间之后，一心都在妙常身上，她的一举一动，一点心思都让他敏感地察觉到，因此决定“躲在花阴深处听她说些什么”。

“你是个……”这段[前腔]是妙常真情的表白，露出了她的少女情怀，我采用了一点花旦的表演手法，基本上维持了轻快的节奏，在结尾的“照他孤另照奴孤另”使用了左右两个收腰，收腰会让人有缩敛的感觉，能表达“孤另”的情境。

妙常发现潘必正在门外偷听自己的动静后的两声“啊”，和潘必正回应的两声“啊”，也是一层深入一层的口气，表达的意思是：“是你吗？你没走？”“我没走！”“你真没走？听见我说什么了？”“我真没走！我都明白了！”妙常在“啐”声中羞下。

《琴挑》是一出非常细腻的戏，表现的是少男少女的恋爱，陈妙常不是自幼出家，与潘必正两人互有好感，恋爱中的少男少女又特别敏感，经常触动一些情绪，使整出戏在很细微的地方都有值得琢磨的内涵，如果没有把这些细腻的地方表演出来,观众是会昏昏欲睡的,演得好就会引起观众会心的一笑。

这个戏也有一定的难度,不只是妙常心里想的和嘴上说的、行动上表示的不一致,同时曲子都是大段的赠板曲,节奏不快,两个人物对于对方的话都要有反应,也就是两个演员都要熟悉对方的词和腔,可是在表演时又不能作在对方的前面,因此在人物性格、情绪、心理状态上都要找准了方向,才能在分寸上好好地掌握。而像妙常下场前的那几声"啊",还要运用脸部肌肉的配合,才能让表演更生动。

《琴挑》、《问病》、《偷诗》都是在做心灵沟通,但方式不同,过程倒是越来越明朗化。妙常是半路出家,如果潘必正不出现,她有可能就是青灯古佛地过一辈子。潘必正的出现触动了她的少女情怀,她也开始考虑自己的未来,想到自己"寄迹于此,那知弄假成真,到后来不知怎生结果",越想心越乱,于是写诗发泄,谁知写诗之后越发不可收拾。偏偏自己写的诗又被潘必正偷去,在《琴挑》中还可以故作正经,通过《问病》双方都明白了对方的意思,到了《偷诗》就完全正经不起来。而且诗还在人家的手上,好像把柄落在人家手上一样,最后终于是"输情输意,鸳鸯已入牢笼计"。

在《偷诗》中,我也运用了一点花旦的表演方式,让少女的情态完全表露无遗。《秋江》因为事出突然,她必须得到潘必正的承诺才能安心,所以雇船追舟,她并不是要私奔,当潘必正要她"同往临安去吧",她拒绝了。两人互换信物之后,互道珍重而别,在喜悦中留下一丝淡淡的哀愁,也在离愁中对未来寄予无穷的希望。

这出戏虽然没有演到最后的大团圆,却也是很受观众欢迎的热门剧目。我在戏校时这几个折子都学过,但是没有串起来,《偷诗》更是不常演出。现在年龄到了,体会也深刻了,演起来也比较能发挥了。

串折《玉簪记》,蔡瑶铣传给了北昆的魏春荣、王振义、邵峥等青年演员。

三、《乔醋》、《跪池》、《絮阁》

这三出都是妻子吃醋的戏,但是因为人物身份与所处环境的不同,会造成不同的喜剧效果。

《乔醋》,蔡瑶铣饰井文鸾,蔡正仁饰潘岳(1995)

《乔醋》是《金雀记》里的一折,戏虽不大,但前因后果倒有些曲曲折折。男主角潘岳是有名的美男子,出门常引起妇女们的骚动,而把果子丢到他的车上,因此有“掷果生”的称号和典故。潘岳与井文鸾以一对金雀定情,结婚之后先行赴任,在河阳县与一批文人好友“多觅奇花异卉,时复相邀,共谈诗酒”。文人们喝酒聊天免不了召妓作陪,有一天碰到一个叫巫彩凤的女孩子,因为同情她的身世,又被一干好友怂恿,于是以手中金雀为聘,纳彩凤为妾。后因故失散,而家人瑶琴在奉命觅花途中巧遇彩凤,彩凤托瑶琴带了一封信给潘岳。潘岳则派另一个家人彩鹤迎接文鸾到任所,途中也遇到了彩凤,相谈之下,甚为投契,彩凤又把金雀委托文鸾代为寻找潘岳。

所谓“乔醋”就是假装吃醋,但我认为这假中还有三分是真,因为潘岳不但纳妾,还把他俩的定情之物送给了彩凤,作为一个女人,即使有再大的度量也会不高兴的。只是在那个时代三妻四妾是被允许的,而且她也亲自跟彩凤谈过话,觉得这个女孩子还不错,值得我的相公喜欢她,接来以后跟自己能和平共处,这才忍下自己的不痛快。但是还是要逗一逗潘岳,让他着急,这也是少年夫妻的闺房乐趣。而伴随这三分真的生气,再把它夸大,才会有酸溜溜的意思。我们从剧本中就可以看到,井文鸾在见到潘岳的第二句唱词里就已经开始泛酸了,“喜今官爵威仪甚,不弃糟糠感至诚”。到了后面的“我平日是极贤慧的,今日权且不贤慧这一遭”就更上层楼了。

年轻时不大敢演爱情戏,所以这出戏的感觉做不出来,也体会不到。在当助教的那段时间还跟顾兆琳演过,并没有太深刻的印象。1986 年到苏州参加昆剧培训班,由沈传芷老师再教《乔醋》感觉就不同了,学习的心情也有关系。当时我们都住在苏州昆剧团的宿舍里,老师住二楼,我们住三楼,又好像回到在戏校上课的情形，下了课没事大伙儿就拥到沈老师的房间，跟他聊天说戏，又要他做潘岳的身段。潘岳最后被逗急了，有一组吹拳头做势要打井文鸾的身段，沈老师做得真是可爱极了，因为潘岳已经带有耍赖的成分，非逼着井文鸾答应把彩凤接来不可，沈老师把穷生的韵味糅到表演之中，形成了小生人物的另一种美感。

《乔醋》的前面还有《觅花》和《庵会》，这两折戏没有《乔醋》这么有戏剧性，但是我觉得如果把这两折戏整理一下，还是有些看头的。像《庵会》就是井文鸾和巫彩凤会面的一折，从交谈中井文鸾知道了彩凤的身份，于是两人的关系变成一明一暗，造成戏剧效果的矛盾就出现了，虽然不强烈，但如果整理一下和《乔醋》连演，应该能再提高《乔醋》的趣味。

《跪池》是明传奇《狮吼记》中的一折，剧目名出自宋代大文豪苏东坡“忽闻河东狮子吼”之典故。《跪池》是一个轻喜剧，有夸张、幽默、讽刺和戏谑的戏剧效果。故事说的是一日苏东坡约好友陈季常一同踏青赏花，因二人携带歌妓而游，被陈季常的妻子柳氏知道了。回来后，柳氏痛恨其夫行为不检，罚陈季常长跪池边。正巧此时苏东坡来访，看到好友陈季常跪在池边，苏东坡就责备柳氏太过苛刻，并让陈季常纳妾。柳氏一听，更是怒不可遏，厉声斥责苏东坡，并把苏东坡逐出房门。

《跪池》是昆曲舞台上的一出经典传统“生旦”折子戏。该戏对生、旦的表演要求很高，也是历史上许多名家如俞振飞、言慧珠以及汪世瑜、岳美缇等的“看家戏”。1988 年，蔡瑶铣曾在第五届“梅花奖”专场演出中特邀浙江省昆剧院的汪世瑜出演陈季常，而她则出演柳氏。

《跪池》的柳氏对陈季常的爱情则是百分之百的占有，“你不可以离开我一步，不可以看其他的女人一眼”，即使在容许纳妾的时代，也不准季常讨小。“娶妾由你娶，只是每日要打藜杖一百。”“要打到九十九岁，我还要与你算账。”在如此强烈的爱意之下，所有的语气、眼神都要以爱为出发点，不能一个劲儿地直眉瞪眼，大呼小叫，要表现出“我这么爱你，你还到外面去找别的女人？”以及“打你是爱你，知道吗？”而在讲究门当户对的时代，能与陈季常共结连理，还有苏东坡这样的朋友，柳氏也是有点文化的，并不是个粗俗的村妇，所以在对苏东坡的时候不能以泼妇的身段出现，要以“都是你害的”这样的基调去表演。

“媚处娇何显,情深妒亦真”。清传奇《长生殿·絮阁》一折讲述的是因唐明皇招梅妃“叙旧”,被杨贵妃得知而生妒,从而引起的一场爱情风波。《絮阁》是昆曲经典传统折子戏,其唱腔上的特点是以杨贵妃唱北套[醉花阴]为主。

杨贵妃是撒娇式的吃醋,是柔的。而对高力士也是不能来狠的,因为高力士是唐明皇身边的红人,若把他得罪了,对自己也没有好处,所以只能来软的,用半委屈的态度:“你怎么能这样对待我?我到底也是个娘娘呢!”因此在叫高力士的时候,我会把“高”字拖得长一点,增加它的柔软度。在这场争战中,杨贵妃是把气出在没碰面的梅妃身上的,“陛下向来宠爱‘梅精’,何不宣召她来以慰圣心牵挂”,“有有有有那梅枝儿曾占先春,又又又又何用绿杨牵绕”,从这些唱念中可以闻到浓浓的酸味儿。

唐明皇自知理亏,所以一直是采取低姿态的,最后还要哄着杨贵妃去看花。而高力士则是个协调人的身份,只因他是唐明皇的人,所以还是比较偏向唐明皇,才会劝杨贵妃想开一点,“满朝文武谁没个三妻四妾的”,这段说词更勾起了杨贵妃的心酸,唱出了吐露真正心声的[四门子]。这一段戏可以说是杨贵妃与高力士的交心过程,也让观示在酸溜溜的醋味儿之外,感受到一丝帝王家生活不自由的无奈。其实杨贵妃也知道皇帝有三宫六院,她只是气唐明皇偷偷摸摸地去找别的女人,而且还是个已被冷落的梅妃,这对集三千宠爱在一身的杨贵妃来说是太没面子了,她要把她的不愉快表达出来,同时也是为自己地位的一场保卫战,在一闹一撒娇的过程中,唐明皇完全被杨贵妃吃住了。

结尾的表演是杨贵妃抽咽不止,唐明皇就假装生气,杨贵妃打量唐明皇不是真生气,就再撒娇地哭,“你刚才欺负我”,半真半假地表达自己的委屈,这么一来一往的,最后在唐明皇的笑声和杨贵妃的哭声中,结束了这折戏。

四、《芦林》、《评雪辨踪》

这是两折穿素褶子的正旦戏,两位女主角都是受苦受难的人,但是《芦林》中的庞氏要比《评雪辨踪》中的刘翠屏更苦。

庞氏是典型的中国传统妇女，一切以丈夫为主，嫁鸡随鸡，嫁狗随狗，不管丈夫怎么样对待她，她都是忠于丈夫的。婆婆不喜欢她，听了别人的闲话，把她赶出家门。丈夫唯母命是从，也不问青红皂白，就给她脸色看，她忍辱、忍屈、忍冤的过日子，只希望有一天丈夫能理解她，把她接回家去。

《芦林》的唱腔属于弦索调，已脱离了昆曲一字多腔、婉转细腻的格式，但是很能体现剧中人物所处的环境，在这折戏中，念白的分量也很重。

庞氏是在捡拾芦柴时与丈夫姜诗不期而遇，姜诗并不想理她，但是她要把话讲清楚，希望姜诗能了解她的委屈。她的处境是理直气不壮，是用哀求的口气为自己辩解，因此不能用很亮的声音。譬如一见面，姜诗还想假装没有看到庞氏，庞氏拦住他问："姜郎从那里来?"姜诗答："来的所在来。"再问："往那里去?""去的所在去。"这简直是话不投机，庞氏还是很温顺地说："你我是夫妻，何不上前相叫一声。"这就是很小心地询问："我们说两句话行不行呢?"

这折戏里面有好几个跟三有关的事，先是姜诗责备庞氏三不孝；后有庞氏回忆出嫁时，父母嘱咐她的三件事，要孝顺公婆、敬重丈夫、调和妯娌；然后姜诗给庞氏三个选择，回转娘家、改嫁或自尽；庞氏说早就不想活了，只是有三撇不下，一不放心婆婆，二不放心六岁的儿子安安，三怕丈夫娶个继室虐待安安。在这一来一往之间，庞氏委婉地解释婆婆是如何冤枉了她，以理取得丈夫的理解，姜诗因为看到庞氏手上因捡芦柴受伤而留下的血迹，终于了解了妻子的委屈，答应回家后向母亲解释，务必要接庞氏回家。

《芦林》我演出的次数不多，但是庞氏这个人物经常出现在我脑海之中，不多的几次演出都令我感受深刻，60年代华传浩老师曾带我演过，我也跟师哥刘异龙演过。2003年10月，我把又把师哥请到北京，合演了一次，北京的观众很少看过这样的演出，都深受感动。我们经过一个星期的密集排练，不但保存了华老师所教的表演内容，也根据自己数十年的舞台经验，有了更深入的体会，做了更深化的表演。像我唱到"可记得一夜做夫妻"时，自然就把"夜"字加了两板，这是一小节一拍的曲子，所以不影响到其他的板眼，却使气氛更提高了。在提到6岁的孩子时，我真是觉得眼泪在眼眶里打转。

[驻云飞]"止不住汪汪两泪垂"，本来应该有姜诗替庞氏擦眼泪的动作，

蔡瑶铣在台湾和刘异龙(右一)、张铭荣合影(1997)

我注意到师哥这几年都把这个动作取消了,我觉得应该保留,因为姜诗已经知道了庞氏的委屈,可以借这个动作安慰一下庞氏,师哥接受了我的建议,再加上他自己琢磨增加的看看庞氏被芦柴刺伤的手,整个结尾就更感人了。

有些现代女性对《芦林》这出戏非常不能接受,我觉得每个时代有每个时代的现实情况,我们这个年纪的人,还看过不少受压迫的女性,演了这出戏,也让我们更珍惜现代妇女所争取到的自由与主权。

《评雪辨踪》源于元王实甫的杂剧《吕蒙正风雪破窑记》。后传奇《彩楼记》收其中的一折名为《评雪辨踪》。该剧情讲述的是宋朝宰相吕蒙正未得道时生活窘迫。退休宰相刘懋之女翠萍在彩楼抛球选婿将其投中,但刘父不允,而翠萍坚持随吕蒙正回破窑度日。一日,吕蒙正赶斋落空怏怏回破窑,发现雪地上有男子足迹,便怀疑是刘翠萍不贞……

这出《评雪辨踪》蔡瑶铣在北昆时很少演,她去世后,北昆就没人演出过了。目前南方一些昆曲院团仍有传承,以上海的蔡正仁、张静娴版本为最佳。

虽然刘翠屏放弃了相府优渥的生活环境,但是母亲毕竟心疼女儿,常遣院公和丫环送些米和钱来给女儿应应急。显然吕蒙正这个酸秀才平时是不注意这些事的,因此当一个下雪天,他从庙里赶斋回来,发现门口的雪地上出现了一男一女的脚印，不由得他失去了自信，怀疑刘翠屏是不是过不了苦日子，而有了什么不轨的举动。

这虽是正旦的戏，却也是逗趣的。刘翠屏看到自己的糊涂丈夫无理取闹，又好气又好笑，于是理直气壮地辩白自己是规规矩矩地恪守妇道，同时也要气气这个穷酸，要耍一耍他，不愿意很痛快地告诉他门外的脚印是院公和丫环的。

这出戏也有三问，吕蒙正认为妻子做不到“富贵不能淫，威武不能屈，贫贱不能移”。刘翠屏却说愿意嫁给他就是富贵不能淫，父亲要她退婚，她坚决不答应就是威武不能屈，跟他过苦日子而毫无怨言就是贫贱不能移。她自认不但做到了，还做过头了。她也有点借机发发牢骚，让秀才知道：“我跟你过日子，容易吗？”刘翠屏是相府千金，气势自然与庞氏不同，她跟秀才丈夫说理就是理直气壮的，甚至要凌驾秀才之上，要压过一头的感觉。

吕蒙正把刘翠屏带到门口看脚印，刘翠屏却顾左右而言他，吕蒙正越说越气，拿棍子要打人，刘翠屏就拿沙锅来挡。因为那是家里最贵重的东西了，要是打破了，就没东西煮饭了。看看不可理喻的丈夫，干脆再气气他，故意对着远方说：“你下次再来，不要穿钉鞋，穿了破履前来，免得秀才看见要评足迹的。”可见庞氏与刘翠屏性格、出身的基调是完全不同的。秀才气得要拿竹棍自杀，刘翠屏看看闹得差不多了，才把实情告诉吕蒙正。吕蒙正知道自己冤枉了妻子，只有下跪道歉了事。

这两出戏虽是一悲一喜，但有一个共同点，就是念白都占了很大的比例。《芦林》要念出庞氏的善良与所受的委屈，《评雪辨踪》要念得口语化，不能拿腔拿调。

五、《百花赠剑》、《断桥》

蔡瑶铣所演的《百花赠剑》是俞振飞和言慧珠在1957年到欧洲演出时所整理出来的版本。全剧原叫《百花记》，俞振飞和程砚秋合演时改名《女儿心》，《赠剑》是其中的一段，男主角海俊原是混入安西王府刺探军情的奸细，改演单折戏就把这一层拿掉了，变成了简单的爱情戏。

百花是公主，人物基调是“骄”和“娇”。她看上了海俊就会主动表示喜欢他，

《百花记》,蔡瑶铣饰百花公主

这种喜欢的感觉,虽因女孩子的矜持没有百分之百的暴露,但已足够使海俊感受得到,因此海俊也从开始的惊吓、紧张,进而放松,以至于略为放肆,大胆地回应公主的爱意。

百花是武将,身穿宫装,头戴凤冠加翎子,腰挎宝剑,整个形象就是娇媚中透着英武,加上刚练兵回来,对部队的表现非常满意,小蹉步掏翎亮相的出场,神采飞扬,充分体现了她英姿飒爽的一面。陡然看到一个陌生男子出现在自己的房间,仔细打量后虽然产生好感,以公主“爱怎么就怎么”的脾气,还是要逗一逗他,双剑在海俊眼前一绕两绕再反刺的身段,更因海俊扑跌在地而显示出公主高高在上的气势。

《赠剑》的音乐性很强,除了唱腔之外,有两大块表演也有配乐,更烘托出舞蹈的美感和情绪的饱满。一块是侍女江花佑离去,留下公主和海俊独处,公主亲自持灯送海俊出宫。另一块是公主对海俊深具好感,送走海俊之后,喃喃自语地思念海俊,却被海俊偷听到,两人相互交流的表演。前面撷取了《琴挑》[朝元歌]陈妙常最后几句唱腔的旋律,后面配的是[雁儿落],这都是当年朱传茗老师的杰作。

这出戏我演出的次数不少,当助教的时候就经常跟顾兆琳合演。在北昆,为了培养青年演员,也经常带着王振义演这出戏,《赠剑》是我带他的第一出戏。

《断桥》的女主角白素贞不是普通女子,她是蛇仙,因为思凡而到人间,跟许仙牵上了姻缘。对许仙,她是爱得极深,甘冒生命危险去仙山盗草,这样来之不易的爱情，她比一般女子更为执著，不肯轻易放弃。跟青儿之间也就只能委屈青儿，请青儿谅解她保全爱情的一片痴心。

白素贞对许仙由爱生恨，但这种恨属于怨恨，而且怨的成分居多，所以在表演中好几个指许仙的动作，要用韧劲儿去带动，要用推的方式去指，而不是用杵的方式。

最明显的是[金络索]起唱前所念的“冤家呀”，白蛇一指，点到许仙的额头，使得许仙往后仰身，险些摔倒，白蛇又心疼，下意识地去扶许仙。这一指一扶，原是梅兰芳先生和俞振飞老师在无意间激发出来的表演火花，因为好看又合剧情，所以这个身段保留至今。但是后人若不从情绪上推敲，只从动作上去模仿的话，不但不会好看，还可能因为合不上节奏，而让许仙很难配合。在这里，白蛇的潜台词应该是：“你呀！我说你什么好？”在“冤家呀”的拖腔中用推的劲道儿指出去。另外一处要使用同样的劲道儿，是在[金络索]中的“你缘何屡屡起狼心”。

《断桥》按老的演法是法海驾云把许仙送到钱塘，俞老师在跟梅先生拍摄电影时，觉得有些琐碎，而且法海一口一个妖一个孽的，许仙虽没有随声附和，

《断桥》，蔡瑶铣饰白素贞，王振义饰许仙，白春香饰小青

却也唯命是从，有损许仙憨厚的形象，于是就把法海这个人物拿掉了。同时白蛇、许仙的唱词都做了更改，譬如白蛇出场的[山坡羊]，"奴薄命孤鸾照命"改成"空辜负海誓山盟"，结尾[尾声]的最后一句"只恨我命犯迍邅遇恶僧"改成"只恨你恩怨不明遇恶僧"，就把主客易位，情绪也贯穿了。而法海既然不上场，原本他出场的唱词就改为许仙的唱词，后面[五供养]的"遥观妖魔到"也改为"遥观青儿到"，把许仙害怕的对象转为青儿了。

《白蛇传》的故事通俗，所以许多剧种都有这个戏，或整出，或折子，我所学的与我所演的版本中，小青是不挂剑的，因为白蛇和小青都是在金山寺打了败仗，狼狈下山的，而且对许仙也不需要拿刀动剑的。

《断桥》的结尾，昆剧与其他剧种不一样，在白蛇与许仙和好之后，小青并没有要离开白蛇的意思，她只是不高兴白蛇还是心向许仙，所以赌气不想跟他们回家。白蛇尽管心向许仙，但也不会不顾青儿，于是在锣鼓声中拉着青儿下场。

整个表演中，我自己又重新安排了几个地方，主要是[金络索]"哎呀害得我几丧残生"的高腔，我用了没有乐队伴奏的清唱，"几丧残生"再往上催一点，然后再缓和下来，更突出了白蛇的哀怨。三人初碰面时，我让青儿踢了许仙一个抢背，因为他气许仙负了白蛇，这是比较激烈的一个身段。2002 年我去日本演出时，为了让表演更连贯，我把[玉交枝]这一段也拿掉了，不过倒显得剧情更紧凑了。

1954 年，蔡瑶铣进上海戏曲学校学昆曲，比 1957 年北方昆曲剧院成立的日子还早 3 年。到 2004 年，蔡瑶铣从事昆曲表演艺术整整 50 年。

从蔡瑶铣出生的日子算起，她在上海生活了 36 年，在北京生活了 25 年。

我从上海戏曲学校毕业后先到上海青年京昆剧团，后曾经在上海戏校当助教，当了不到一年。然后调到上海京剧院，在那里演"样板戏"。"文革"后，到上海昆剧团，在那里有一年多，再后来就是到北京，到北方昆曲剧院工作至今。上海和北京对我有养育之恩。50 年，时间已经很长了，我早晚要从舞台上退下来。退下来，我会继续教学生，继续传播昆曲，因为我对昆曲倾注了一生的热情和精力。

人这一辈子，总都是免不了寂寞的。如花，开放总是刹那和瞬间，而成长则需要“寂静”的一生。当“寂寞”的昆曲对一个人能达到“大音希声”的境界，能享受这个“寂寞”，也许就是最幸福的人了。

蔡瑶铣

昆曲以丝笛为其吹奏，高山流水，青山招手，绿水环绕。将所听、所见、所闻的流溢华彩的春天和萧瑟悲凉的秋日糅进了每一个黄昏与黎明。演绎不尽的是愁绪，是凋零；错错落落的是霓裳，是灵魂。神态嫣然，妩媚娇态，伴着遥遥清梦的笛声在耳边荡漾。流泻着秋愁春思，何时余晖吟唱？凝露着带梦的冷香，蓦然惊醒，纷乱了一地残梦。

起伏的音符里，可见代代春秋疾驶，层层波诡云谲，世间沧桑交替，历历人事枯荣……

昆曲不仅是观的、是听的，从历史和文化意义上，更是让人们“读”的。用心读来才可“吐人所不能吐之情，描人所不能描之景”。潜心读来才能“意新语工，得前人所未道者也”。

正是在这样的历史文化传统的背景下，在这前仆后继的步趋中，在一声声沾满瓣瓣冷香的回忆的笛声中，昆曲才可能以“黄钟大吕”之音独占“瓦釜之鸣”的鳌头，才有了现今世界“人类口头及非物质遗产代表作”之名声。

然而，当这个如诗如画的花季真的来临时，蔡瑶铣却于2005年11月30日因病永远地离开了她为之倾注一生心血的昆曲，现借我在2004年为蔡瑶铣所作《走进牡丹亭》一书卷首语为本书的结束：

生命无常，
心愿总是太多，而梦想成真的总是太少。
因为它脱俗，人世之事，非人事可尽。

更因为它是思想,是信仰;
是心灵的默契。
于是没有尽头,
只有灵魂不尽的颠簸。
大音希声,大象无形,
昆曲之大美也。

附录一　蔡瑶铣大事年表

1943 年　出生

1 月，出生于上海。

1954 年　11 岁

蔡瑶铣考入上海华东戏曲研究院昆曲演员训练班（即上海戏曲学校“昆大班”），师从朱传茗、方传芸、王传蕖、沈传芷、张传芳等“传字辈”老师系统学习了经典昆曲传统剧目。在“昆大班”期间根据学校的安排，还先后学习了《女起解》、《宇宙锋》、《生死恨》等京剧剧目。

1956 年　13 岁

10—11 月，在上海长江剧场举行“南北昆曲观摩演出”，蔡瑶铣演出《出猎回猎》，饰李三娘。

1959 年　16 岁

作为学生随上海戏曲学校第一次到北京参加建国 10 周年庆典演出活动。来京前先赴内蒙古自治区演出，在京演出期间参与了华传浩老师主演的《芦林》和梅兰芳、俞振飞合演的《游园惊梦》等剧目演出，在《游园惊梦》中蔡瑶铣饰演“堆花”

中20名花神之一。

10周年庆典活动后，蔡瑶铣与杨春霞继续留在北京，参与了梅兰芳、俞振飞合演的电影《游园惊梦》的拍摄工作。

1960年　17岁

1月，蔡瑶铣完成电影《游园惊梦》的拍摄工作后回到上海。

1961年　18岁

8月，蔡瑶铣从上海戏曲学校"昆大班"毕业，分配到上海青年实验京昆剧团任演员，先后排演了昆曲《白罗衫》和京剧《白蛇传》等剧目。

1963年　20岁

从上海青年京昆剧团调回上海戏曲学校任助教。

1964年　21岁

参加京剧现代戏《海港》的排演。

1965年　22岁

正式从上海戏曲学校调任到上海京剧院《海港》剧组，前后饰演A组方海珍和B组方海珍。

1967年　24岁

5月，京剧现代戏《海港》首次晋京演出。

6月22日，毛泽东观看《海港》。

从1965年3月进入京剧现代戏《海港》剧组，到1978年京剧现代戏《海港》剧组解散，蔡瑶铣在《海港》剧组前后13年，目睹了京剧现代戏《海港》诞生的整个过程。

1975年　32岁

从上海奉调晋京，参加为毛泽东录制传统词曲和传统剧目的工作。先后录制了宋代词人洪皓的《江梅引》、宋代岳飞的《满江红》、宋代张元幹的《贺新郎》及唐代白居易的《琵琶行》等；录制的昆曲传统剧目有《琴挑》和《思凡》。1976 年 9 月 9 日，录音录像工作停止。

1976 年　33 岁

与原中国歌剧舞剧院二胡演奏员马树铭结婚。

1978 年　35 岁

调往上海昆剧团，排演了昆曲现代戏《燕归来》等。

1979 年　36 岁

7 月，离开上海调到北京，任北方昆曲剧院演员。蔡瑶铣到北昆后参加排演的第一出戏是昆曲新编历史剧《血溅美人图》，饰陈圆圆。

1980 年　37 岁

参加电影版昆曲《血溅美人图》的拍摄，饰陈圆圆。

1981 年　38 岁

排演由时弢整理改编的《牡丹亭》，饰杜丽娘，许凤山饰柳梦梅，董瑶琴饰春香，导演马祥麟，作曲傅雪漪。该剧获北京市文化局新剧目评奖演出特别奖。

1982 年　39 岁

排演由马少波整理改编的《西厢记》，饰崔莺莺，许凤山饰张生，董瑶琴饰红娘，导演李紫贵，作曲傅雪漪。该剧获北京市文化局新剧目评奖演出个人优秀表演奖。

1983 年　40 岁

排演《风雨像生货郎旦・女弹》，饰张三姑。该剧源自北曲杂剧。

1986 年　43 岁

3 月，参加由文化部“振兴昆剧指导委员会”在苏州举办的“培训班”，学员有：

蔡瑶铣(左)与沈传芷老师、张洵澎合影(1986)

上昆的蔡正仁、张洵澎、张静娴;北昆的洪雪飞、蔡瑶铣;浙昆的王奉梅、王世瑶;湘昆的张富光、雷子文;江苏的石小梅、胡锦芳;苏州的陶红珍、尹建民等。

排演《窦娥冤》,饰窦娥。

1988 年　45 岁

因出演《跪池》、《女弹》、《寄扇》三出折子戏获第五届中国戏剧梅花奖。

1989 年　46 岁

11 月 5 日—12 月 6 日,随全国六大昆团赴港参加“南北昆剧汇香江”香港文化中心开幕献礼联合演出,演出剧目:《辩冤》、《女弹》。

1993 年　50 岁

排演郭汉城整理改编的《琵琶记》,饰赵五娘,王振义饰蔡伯喈。该剧获 1994 年文化部颁发的文华奖和个人优秀表演奖。

1994 年　51 岁

3 月 18—20 日,随北方昆曲剧院赴香港大会堂音乐厅演出,剧目为《女弹》、

《辩冤》。

1995 年　52 岁

11 月—1996 年 1 月，与蔡正仁一起赴台湾参加“昆曲传习计划”，传习剧目为《长生殿·惊变》、《金雀记·乔醋》与《牡丹亭·寻梦》。示范演出剧目为《长生殿·小宴》、《金雀记·乔醋》。

1996 年　53 岁

排演新编历史剧《水淹七军》，侯少奎饰关羽，蔡瑶铣饰关夫人。

1997 年　54 岁

以昆曲名家的身份向北京市委、北京市委宣传部、北京市文化局等部门正式提交为北昆招收新一届学员班的申请，并在以后的几年中为此各方奔走呼吁。

11 月，随全国五大昆团赴台湾联合演出，剧目为《西厢记》。

1998 年　55 岁

当选为第九届全国人大代表。

蔡瑶铣（右一）在北京市第九届政协会议上

2001年 58岁

9月，经蔡瑶铣的不断努力，北昆2001届学员班在北京戏曲学校正式开班。

2002年 59岁

3月，随北方昆曲剧院赴台湾演出。

10月18—24日，北昆在长安大戏院举办纪念北昆成立45周年演出活动，蔡瑶铣主演的剧目有《长生殿·絮阁》（蔡瑶铣、汪世瑜、刘异龙）、《长生殿·埋玉》（蔡瑶铣、顾铁华、刘异龙）、《玉簪记·琴挑》（蔡瑶铣、许凤山）、《琵琶记·吃糠》（蔡瑶铣、周万江、张卫东、王小瑞）、《琵琶记·描容》（蔡瑶铣、周万江）、《琵琶记·两贤》（蔡瑶铣、王振义、魏春荣）、《琵琶记·书馆》（蔡瑶铣、王振义、魏春荣）、《水淹七军》（侯少奎、蔡瑶铣、董红钢）等。

11月，被联合国教科文组织和中华人民共和国文化部联合授予"长期潜心昆曲艺术事业成绩显著者"称号。

2003年 60岁

1月，赴台湾参加名家汇演。

2月，当选为第十届全国人大代表。

2004年 61岁

4月，赴台湾台北教学，并到台北艺术大学与台湾台中暨南大学演讲。

12月15日，蔡瑶铣自传体图书《走进牡丹亭》由东方出版社出版，蔡瑶铣、胡明明著，书名由相声名家马季题写。

12月19—21日，北方昆曲剧院在民族文化宫连续三天举办了"蔡瑶铣从艺50周年纪念演出活动"。剧目有：《西厢记》、《牡丹亭》和《琵琶记》。蔡瑶铣出演了《西厢记》和《琵

蔡瑶铣在台湾讲学（2004）

琶记》。演出前举办了《走进牡丹亭》签售活动。

2005 年　62 岁

10 月，《瑶台仙音——我的昆剧艺术生涯》在台湾出版，蔡瑶铣口述，陈彬记录整理。

11 月 30 日，蔡瑶铣因病不幸在北京友谊医院去世，终年 62 岁。

12 月 9 日，北方昆曲剧院为蔡瑶铣举行了追思会，著名戏剧家郭汉城等出席。

2011 年

北方昆曲剧院与中国广播音像出版社联合制作出版了“北方昆曲剧院・名家演唱系列・蔡瑶铣”CD 专辑。

2013 年

6 月，《月下花神言极丽——蔡瑶铣传》由上海古籍出版社出版。

附录二　蔡瑶铣源流谱系表

师　承

朱传茗(1909—1974),男,江苏太仓人。出身于昆曲世家。1921 年 8 月带艺入昆剧传习所。工五旦,兼正旦。1954 年任“昆大班”老师,蔡瑶铣主教老师。主教剧目:《长生殿·定情赐盒、絮阁、惊变、埋玉》、《雷峰塔·金山寺、断桥》、《牡丹亭·游园惊梦》、《玉簪记·琴挑、问病、偷诗》、《狮吼记·梳妆、游春、跪池》、《百花记·赠剑》、《彩楼记·评雪辨踪》、《蝴蝶梦·说亲回话》、《铁冠图·刺虎》、《渔家乐·刺梁》、《思凡》等。

方传芸(1914—1984),男,江苏省吴县人。1921 年入昆剧传习所,师从名旦尤彩云学旦角。建国后执教于上海戏剧学院、上海市戏曲学校、上海市舞蹈学校等。蔡瑶铣主教老师。主教剧目:《青冢记·出塞》、《雷峰塔·盗草》、《南柯记·瑶台》等。

王传蕖(1911—2003),男,江苏苏州人,1921 年入昆剧传习所。1954 年任上海市戏曲学校教师。蔡瑶铣主教老师。主教剧目:《琵琶记·剪发卖发、描容别坟》、《烂柯山·痴梦》、《西游记·认子》等。

沈传芷(1906—1994),男,生于苏州。昆曲世家出身。1922 年入昆剧传习所,师承其父沈月泉。1954 年任上海市戏曲学校教师,蔡瑶铣主教老师。主教剧目:《白兔记 · 出猎、回猎》、《金雀记 · 乔醋》等。

张传芳(1911—1983),男,江苏苏州人。1921 年 8 月入昆剧传习所。师承尤彩云、施桂林、丁兰荪等。1954 年任上海市戏曲学校教师。蔡瑶铣主教老师。主教剧目:《牡丹亭 · 春香闹学》等。

华传浩(1912—1975),男,江苏苏州人。1921 年入昆剧传习所习艺。建国后,任上海市戏曲学校教员。蔡瑶铣主教老师。主教剧目:《跃鲤记 · 芦林》等。

姚传芗(1912—1996),男,江苏苏州人。1921 年,与同班同学周传瑛一起入昆剧传习所。蔡瑶铣主教老师。主教剧目:《金雀记 · 觅花、庵会》。

周传瑛(1912—1988),男,江苏苏州人。1921 年入昆剧传习所。1951 年后先后在浙江省昆苏剧团、浙江昆剧团等任职。1956 年率领浙江省昆苏剧团晋京演出,其参与改编、导演、主演的昆曲《十五贯》而轰动全国。主教剧目:《红梨记 · 亭会》等。

张娴(1915—2006),女,上海人,周传瑛夫人,昆曲名旦。主教剧目:《红梨记 · 亭会》等。

马祥麟(1913—1994),男,河北高阳人。北方昆弋荣庆社老艺人。1920 年入北方昆弋荣庆社。1950 年入北京人艺。1957 年入北方昆曲剧院。主教剧目:《渔家乐 · 刺梁》、《水浒记 · 杀嫂》等。

学　生

王振义,男。1982 年入北方昆曲剧院学员班,生。1997 年获中国戏剧梅花奖,曾学习问艺于蔡瑶铣。

魏春荣,女。1982 年入北方昆曲剧院学员班,旦。2001 年获中国戏剧梅花奖,曾学习问艺于蔡瑶铣。

邵峥,男。1982 年入北方昆曲剧院学员班,生。曾学习问艺于蔡瑶铣。

附录三　蔡瑶铣研究资料索引

一、专　著

《走进牡丹亭》　蔡瑶铣、胡明明　东方出版社 2005 年 1 月

《瑶台仙音——我的昆剧艺术生活》　蔡瑶铣口述、陈彬记录整理　台湾台北水磨曲集剧团 2005 年 10 月

《月下花神言极丽——蔡瑶铣传》　胡明明　上海古籍出版社 2013 年 6 月

二、文　章

《学习继承探索——扮演杜丽娘的一点体会》　蔡瑶铣　《北京艺术》1981 年第 8 期

《艺海无涯学无止境——扮演崔莺莺的一点体会》　蔡瑶铣　《北京艺术》1982 年第 6 期

《我演杜丽娘》　蔡瑶铣　《古典文学知识杂志》1988 年第 2 期

《我是赵五娘》　蔡瑶铣　《戏剧电影报》第 674 期(1993 年)

《求索于从容谈笑中——郑传鉴老师导演艺术摭谈》　蔡瑶铣　《郑传鉴及其表演艺术》,胡忌编,1994 年内部印行;《中国戏剧》2005 年第 8 期

《文革后期的一段往事》　蔡瑶铣　《北京文史资料》第五十七辑(1998 年)

《走出上海闯北京的蔡瑶铣》 倪惠芳 《上海戏剧》1999 年第 6 期

《真水无香亦有香——写在昆曲名家蔡瑶铣从艺五十年之际》 谭志湘 《中国戏剧》2005 年第 4 期

三、音像资料

电影《琴挑》,蔡瑶铣饰陈妙常,岳美缇饰潘必正 上海电影制片厂 1976 年

电影《思凡》,蔡瑶铣饰色空 上海电影制片厂 1976 年

昆剧选辑·北方昆曲剧院 收录蔡瑶铣主演剧目:《金锁记·斩娥》、《金锁记·辩冤》、《货郎旦·女弹》 (台湾)中华民俗艺术基金会制作,1995 年 2 月

《西厢记》(中国昆剧艺术团精选·北方昆曲剧院) 蔡瑶铣饰崔莺莺,王振义饰张君瑞,董瑶琴饰红娘,王小瑞饰崔夫人 (台湾)传统艺术中心出版发行,国际新象文教基金会制作,1997 年 11 月

《琵琶记》(2DVD) 《中国昆剧精品集粹系列》之二 蔡瑶铣饰赵五娘,顾铁华饰蔡伯喈 顾铁华振兴昆曲基金制作,江苏电子音像出版社 2000 年

《琴挑》(中国京剧音配像精粹) 俞振飞、言慧珠录音,蔡正仁、蔡瑶铣配像,天津市文化艺术音像出版社,2001 年 1 月

北方昆曲剧院·京朝雅音·燕赵悲歌《琵琶记》 收录《吃糠》、《描容》、《别坟》、《书馆》,蔡瑶铣饰赵五娘,张卫东饰蔡公,王小瑞饰蔡婆,周万江饰张大公,王振义饰蔡伯喈,魏春荣饰牛小姐 (台湾)传统艺术中心出版发行,国际新象文教基金会制作,2002 年 3 月

《琵琶记》(3DVD) 蔡瑶铣主演 北方昆曲剧院 2004 年

《北方昆曲剧院·名家演唱系列·蔡瑶铣》专辑 CD1 收录《牡丹亭·游园、春香闹学》、《长生殿·小宴》、《玉簪记·琴挑》、《孽海记·思凡》、《水淹七军》选段、《血溅美人图》选段、《货郎旦》、《南柯记·瑶台》、《艳云亭》、《邯郸记·扫花》;CD2 收录《转应词》、《临江仙》、《水调歌头·丙辰中秋》、《燕山亭·北行见杏花作》、《声声慢》、《江梅引·访寒梅》、《贺新郎·送胡邦衡待制赴新州》、《卜算子·咏梅》、《破阵子·为陈同甫赋壮语以寄之》、《水调歌头·舟次扬州和人韵》、《水龙吟·登建康赏心亭》、《南乡子·登京口北固亭》、《念奴娇·登多景楼》、《满江红·滕王阁》、《百字令·登石头城》 中国广播音像出版社 2011 年

附录四　纪念文章两篇

回忆我的恩师蔡瑶铣

魏春荣[1]

已经过去六个春秋冬夏了，弹指一挥间，细细想来，蔡瑶铣老师离开这么许久了，然而她的音容笑貌却宛在耳边眼前。她教过我的每一出戏，每一个动作，每一句教诲，我还都记在心间。是的，她从未曾远去，她正在默默注视着她为之奋斗一生的昆曲，默默守护着爱她的学生。

谨以此文献给我敬爱的蔡老师。

一、初识

尚是在北昆学员班时期，由于被分在花旦组，所以我并未与蔡老师有过多接触，只是偶尔见面，一声尊敬的问候，这便算相识。那时候，对蔡老师的印象：高大，严肃，不苟言笑。

学员班的生活简单枯燥，每天都过着从练功房到宿舍两点一线的生活。六年转瞬即逝，毕业后的我们就像是一群刚从笼子里放出来的鸟儿，总想自由自在地飞

[1] 魏春荣，女，北方昆曲剧院，旦角，国家一级演员，“梅花奖”获得者。

翔在属于自己的天空里。十六七岁的年纪，终归爱玩儿还是生活中的主导，那时候的我们，突然没了往日老师的管教、束缚，哪里还肯练功，哪里还顾得上扎扎实实地学戏，全都像放羊了一般，整日地就是玩闹，花花世界总有看不够的新奇。

到了20世纪90年代，经济的改革和传统文化的衰退让昆曲进入了低谷，一些同学陆续离开剧院下海经商，另谋出路的比比皆是。在这种环境下，我也曾茫然，也曾自问现在从事的这份工作究竟是否值得，但坚持了这么久的昆曲事业，真真舍不得放下，我又该何去何从？

1997年，为纪念建院40年，剧院决定让我学演大戏《牡丹亭》，因蔡老师在台湾讲学，我是跟着她的录像学习的。北昆的大戏《牡丹亭》是蔡老师1982年首演的，蔡老师饰杜丽娘，许凤山饰柳梦梅，因剧本是时弢老师整理，习惯上叫"时牡丹"，共十折。这版《牡丹亭》成为了北昆的保留剧目，一直演到现在，也是全国昆团中较早的一个版本。我学的时候不求甚解，只是懵懂地学了唱和身段，算是把路子走下来了。建院40周年演出的时候，蔡老师回来了，我在台上演，蔡老师就坐在下面看戏。那时尚不成熟的我并没有想到演出过后去问问蔡老师的意见，也没想过找蔡老师好好抠戏。演完就过去，一切就像过眼云烟，并没放在心上。

这是我第一次主演蔡老师的戏，第一次演北昆全本的《牡丹亭》。如今《牡丹亭》我已经不知道演多少遍了，"杜丽娘"也成为我第一个比较成功的角色。但饮水思源，我至今还是不能原谅自己当时的无知，想起来后悔不已。借这个机会，我要向蔡老师真诚地说声"对不起"，虽然这声"对不起"迟到了15年，虽然蔡老师已经听不见了，但说出这句话，让我的心中多年的不安总算得到了些许的安慰。

直到1998年，我的同学王振义和蔡老师演《玉簪记·偷诗》的时候，仿佛让我一下子从梦中惊醒。看着台上两人默契的配合，看着舞台上蔡老师举手投足间，猛然，一股说不清楚的感觉，让我惊醒，我突然明白了一些事情，明白了我要的是什么，我应该怎么做。

跟蔡老师学戏！把北昆"蔡门"的大旗接过来，传下去。

从此后，我默默地开始为自己的将来做打算，开始为自己未来的艺术道路做打算。

我在等待这个机会的到来，等待这个时刻的降临。

2000年，一个新的世纪到来，剧院赴苏州参加首届中国昆曲艺术节，演出剧目是蔡老师的《琵琶记》。我没有重要的角色出演，只是在里面跑跑龙套，所以也就比较轻松。一日吃饭归来，看到蔡老师房间的门正好开着，她似乎正在伏案写着什么。我借着刚才的一点点酒劲儿，大着胆子敲了一下蔡老师的房门，蔡老师见是我，示意让我进去。我向蔡老师说希望能跟她学戏，我说："自从我看完那场《偷诗》，我的这个愿望便在心里越来越强烈了。"现在回想起来，不知蔡老师当年看着眼前这个身上带着些许酒精味道的我是何感想，只是记得，蔡老师爽快地答应了，说："好啊，回去就可以开始学。"

那是我第一次觉得，平时印象里有点严肃的蔡老师，竟是那般的和蔼可亲。

从此，我对昆曲的认知及我的艺术生涯开始有了重大转机。

二、学戏

就这样，我成为了蔡老师的学生，没有正式拜师仪式，一切都简简单单，只是学戏，而这种师生关系，却一直延续在我的艺术生命里。从那时起，我的生活似乎又重新步入正轨，开始重新审视这门艺术，认认真真，不敢懈怠。

蔡老师教我的第一出戏便是《玉簪记》，这是我最喜欢的一出传统戏。和蔡老师学戏，首先要拍曲。老师不断强调的是，唱曲不仅要规矩，在吐字发声符合昆曲本体规范的前提下，更重要的是，作为一个演员，唱曲还要有情。要用心唱，用情唱，通过唱曲，就能塑造人物，表现人物的情感，并且需要根据不同的人物性格，调整嗓音的运用，或粗或细或刚或柔，绝对不能唱成一道汤。有时候我自己在练功房练唱，蔡老师会突然推门而入，但其实在这之前，她已经站在门外听了许久。她会指出我的不足，会教导我，告诉我要闭着眼睛也能听出人物的情感，唱曲的时候，心中就要有画面感。而这些，都是在学习身段表演之前，所必修的功课。

蔡老师说，作为一个闺门旦演员，首先要学会规矩端庄。比如，在舞台上，头绝对不能没有原则地乱动，无论你或悲或喜，脸上的表情不能太夸张，嘴动的幅度要保持在一定范围内，但还要把字咬清楚。这对于用花旦戏打基础的我来说，并不是一件容易的事情，所以只有不断地控制和练习，才能逐渐体会这种戏曲程式对人物塑造的优势，慢慢胜任陈妙常这个角色。并且可以举一反三，运用在杜丽娘等人物的表演中。后来，蔡老师又陆续教了我《奇双会》、《琵琶记》、《斩娥》、《辩冤》等戏。

在艺术上，蔡老师对我们格外上心，她不仅自己教我们学戏，还一有机会就请别的老师来教我们。因为她曾经是上海昆大班的学生，所以她特地请了她的老同学周志刚老师来教我们《琵琶记》。之前我和董萍跟着蔡老师学过一版《琵琶记》，是由著名戏剧家郭汉城先生整理改编的，也是现在北昆经常上演的版本。而周志刚老师教的则是昆曲传统的串折版《琵琶记》，原汁原味的唱腔和表演让我们受益匪浅。蔡老师还趁在北京开两会期间，请来蔡正仁老师为我们说戏，《奇双会·三拉团圆》就是在这样的情况下学下来的。总之，凡是有学戏的机会，她总是不会让我们错过。

蔡老师不仅教戏，更教德。记得那时我刚学完《奇双会》不久，一日在湖广会馆演出。我和同学王瑾早早地来到后台扮戏，我俩都觉得自己来得早，所以并不是很着急，边扮戏边聊天聊得火热。时间慢慢地过去，我俩还磨磨蹭蹭，说着笑着，好不开心。蔡老师推门进来，看见我俩突然变了脸色："你们怎么还没扮好，看看几点了？"一看表，天哪，离开演只有十分钟了，可是我俩连妆还没化好！蔡老师赶紧过来帮忙，和包头的老师一起手忙脚乱地开始勒头、贴片子、插头面，边忙边数落我俩怎么这么不经心。我俩也慌了手脚，本以为自己扮得早，结果没想到聊天聊得忘记了时间。在蔡老师的帮助下，总算是没有误场。若不是蔡老师，真不知道要惹出多大祸来。

有了这次的教训，我俩全都长了记性，再也不敢做这样的事。扮戏的时候，旁边随时放着手机，王瑾还为此专门买了个小钟放在化妆台上，时刻提醒自己。梨园界老话讲："早扮三光，晚扮三慌。"我们都牢牢记在心里。这不仅是梨园界老祖宗告诉我们的，更是蔡老师教给我们的。

跟蔡老师学习《斩娥》，是一个比较痛苦的过程。以前昆曲有《金锁记·斩娥》，属正旦戏。而蔡老师的《斩娥》是经过加工整理的，这对于我来讲有一定的难度。这个人物和其他的闺门旦不同，要展现出窦娥的悲愤、怨恨，就要在唱、念、做、表上下很大工夫。为了突出窦娥的人物形象，戏中设计了演员戴刑枷和甩发。因为我是旦角儿演员，从来没练过甩发，所以这对我来说成了一个很大的挑战，那时真是下了很大的工夫，天天练，练到脖子痛得都睡不了觉。还有窦娥的跪蹉，为了不影响效果，我坚持不带护膝，膝盖都磨破了，还落下了病根。就这样，才终于把这出《斩娥》拿下来了，其成就感可想而知。那时老师的身体已经不是太好，所以有时候就由我演《斩娥》，蔡老师演后面的《辩冤》。

《斩娥》实在学得太辛苦，而且小有成就感，我慢慢变得有点沾沾自喜，本应继续学的《辩冤》一折就被暂且搁置了。当时我觉得，我演《斩娥》，老师演《辩冤》，这样师徒一前一后也很好，所以就一直没有再向老师提出要继续往下学的愿望。直到有一天，突然在北昆的走廊里听到蔡老师在给一位旦角拍《辩冤》的曲子，才意识到自己的错误。我主动向蔡老师提出也要加入学习，蔡老师虽然嘴上说："你不是不着急么。"但还是答应了我的请求。学习的时候，我更加地认真，最终这折也拿下来了。这个小小的插曲让我明白了蔡老师的良苦用心，她用竞争的形式为我制造了学习的动力，我要感谢她为我做的这一切，她让我知道"学如逆水行舟，不进则退"的道理。

三、把场

不仅学习如此，在演出中，她更是对我关照有加。记得2003年我办梅花奖专场，演出《玉簪记》那天，蔡老师早早就来到了后台。我一看，吓了一跳，老师的脸肿得厉害，她笑笑说没事儿，只是过敏而已，让我安心扮戏。于是，从化妆、勒头、贴片子，她都一直跟在我身边。穿服装的时候，她亲自给我挑选，她说，衣服往往也能体现人物性格，比如这第一折《琴挑》，陈妙常初见潘必正，虽然芳心暗许，但并不能表现得十分明显，所以水田衣里面就要穿一件淡色的褶子，以淡蓝或鹅黄为好，绝对不能穿粉色。粉色是要在《偷诗》的时候才能穿，此事陈妙常经过《问病》，已经有了"怎奈凡心转甚"的情绪，而后来又被潘必正发现心事，两人最终两情相悦私订终身，这时粉色才是最适合陈妙常的。

2003年12月20日魏春荣"梅花奖"专场演出结束后，
蔡瑶铣与学生魏春荣合影

蔡老师身体不适，我以为等穿戴完毕后，她就会回去休息。没想到，她竟然搬了把椅子，就坐在了侧幕，说："好好演，我给你把场！"

天呀，这么大的角儿，竟带病坐在侧幕给我"把场"，对我来说，这是多大的荣幸呀！

那天因有蔡老师把场，我演得格外安心，把自己平日里学到的发挥得淋漓尽致。当我获得第二十一届中国戏剧梅花奖，手捧着中国戏剧最高奖项的时候，我心里百感交集，我深深地明白，这与蔡老师多年对我的栽培是决然分不开的。

这个奖，有老师重重的一份心血与汗水。

蔡老师对我的恩，我一辈子永不会忘记！

在我的印象里，蔡老师很少当面肯定我，永远都是指出缺点和不足，督促我改正，鼓励我不断上进。随着舞台经验的不断增长，我越来越觉得，有个人在你身边时时刻刻提醒你还不够好，这是一件多么幸福的事情。现在习惯了鲜花和掌声，习惯了耳旁充斥着赞许的声音，然而想想，内心却并不那么充实，甚至会有点惶恐。我还是希望着，演出过后，蔡老师能给我意见、指点，哪怕是批评；还是希望着，演出的时候，蔡老师还能坐在台口给我把场，一如当年我申梅专场那样。然而这一切，都只能是希望了，蔡老师走得太早，太匆忙！

每年清明节的时候，我们这些学生就会去她的墓前凭吊，去给她讲讲我们的近况，可却再也听不到她的教诲，令人黯然神伤。

四、怀念

2005 年 11 月 30 日，是一个寒冷的日子。那天，蔡老师永远地离开了我们。她在舞台上塑造过一个又一个感人至深的人物：至情至爱的杜丽娘，温柔贤淑的赵五娘，追求爱情的崔莺莺，含恨而逝的窦娥。每一个形象，都是她用心铸就，用爱浇灌的。这些古代女子的典型形象，经过蔡老师的演绎，得到了最完美的诠释。舞台上，她婀娜的身姿、一颦一笑，仿佛就在我的眼前；她清脆婉转的声音，依旧萦绕在我的耳畔。而她，我的蔡老师，却再也不能回来。

著名学者傅雪漪老师曾这样评价她："寓激情于含蓄，融绚烂于冲淡。"蔡老师的艺术境界，也是我一生的追求。

昔日瑶台今何在，一曲琵琶转成空。

蔡老师这一生，为昆曲，为北方昆曲剧院，增添了无限绚烂的色彩，也留下了我们对她无尽的哀悼与思念。思念她在舞台上的百转千回，更思念她那些让我们受益终生的教诲。

思绪被拉回到现在，时值初夏，外边滴滴答答的细雨下个不停。2012 年 5 月 19 日晚，在湖广会馆举行了昆曲非遗 11 周年暨北方昆剧院成立 55 周年的纪念晚会，我有幸出演《牡丹亭·游园惊梦》一折，台上才子佳人温存缠绵，台下观众们兴致勃勃掌声不断。一个舞台，分隔了上百年的岁月，然而昆曲，却已经在这片土地中慢慢重新回到人们的视野中，被观众认可、欣赏、重视。我想，这大概是对老师最好的纪念了。就像文章开头说的，我相信，她一直未曾远离我们，她正默默守护着这份她爱的艺术，也默默守护着这些爱她的学生。

我知道，一名昆曲旦角演员的成长是很残酷的，最终能够站到舞台中心，能够令万人瞩目的是极少数的人。我庆幸自己遇到了蔡老师，庆幸自己成为蔡老师的学生，庆幸在自己从艺的路上有蔡老师给“把场”，更庆幸自己当时的选择和决心是正确的。

我是幸运的。

如今，我也到了当老师的阶段，如何传承昆曲已经历史地摆到了我的面前。当年的学生，如今的老师，这就是传承。

我现在是有两个身份的人了，一个是演员，这是我的本功；一个也是老师了，传承昆曲，这是我的责任。我会像我的恩师蔡老师当年一样，去善待年轻的演员，会像蔡老师当年教我一样，去教下一代青年演员学戏与做人。

我相信，再过多少年，再去墓前凭吊蔡老师的时候，我会说：蔡老师，我带着我的学生来看您了。北方昆曲艺术薪火相传，我没有辜负您的期望。

怀念蔡姐

姚鸿明[1]

我一直习惯地称昆曲名家蔡瑶铣为蔡姐,是因为我们同为上海人的缘故,她喜欢我这样称呼她。

蔡姐一生与世无争,随和平淡。清清白白地做人,清清清白白地演戏。用诗人徐世摩《再别康桥》的一句名言来描述蔡姐的心语,就是:“悄悄的我走了,正如我悄悄的来;我挥一挥衣袖,不带走一片云彩。”

蔡姐啊!您艺术上真是没留下什么遗憾。

蔡姐是昆曲名家,更为准确地说,应该是京昆表演艺术家。她走得太突然了,每每只要说起蔡姐,我便会哽咽悲伤,这也许是平时走得很近,源自同乡情结的原故吧。我亲眼目睹了蔡姐朝起夕归,倾其自身技艺,呕心沥血培养了王振义、魏春荣、邵峥等几位昆曲后辈的努力,她为北方昆曲的传承发展,增添了片片云彩,留下了绚丽多姿的篇章。

我是1981年来北昆工作的,一直在演出处负责演出业务。由于工作的原因,我与蔡姐几乎天天见面,既是同事又是同乡,自然是无话不谈。蔡姐亲和快活的音容谈吐,就像过电影情景一样,我至今记忆犹新。

记得我和蔡姐初次相识,因南北昆曲风格不同,曾担心蔡姐是否适应:“您是走出上海闯北京的著名昆曲演员,昆曲南北风格不一,要做到融会贯通,可是着实不易啊!”听到我的话,蔡姐很是赞同,冲我微微一笑,点了下头。

等到我看过蔡姐到北昆后参加演出的第一部戏《血溅美人图》后,我才知道蔡姐早就下了不少私功。蔡姐在戏中成功地扮演了清丽纤巧的陈圆圆。在劝解红娘子的重场戏中,蔡姐满怀深情地唱了一曲[刮地风],唱得铿锵真切,令人听来似一席语重心长的深谈,深感陈圆圆确不愧是位贤淑豁达、深明大义的奇女子。至此,“这一个”的角色立体地呈现在观众眼前,给人留下了难以忘怀的深刻印象。蔡姐饰演的陈圆圆大气清新,让我折服了,蔡姐了不起!

之后我又陆续看过了不少蔡姐演的传统剧目,如她多姿多彩地演出了《桃花

[1] 姚鸿明:原北方昆曲剧院演出处处长。此文记述了他所经历和了解的蔡瑶铣二三事。

扇·寄扇》中李香君的多情哀婉，唱出了《货郎旦·女弹》里张三姑的侠义豪爽，演活了《狮吼记·跪池》中柳氏的凶暴悍戾。三个人物演来都是大家规范，尽情挥洒，各具特色，在尽情挥洒的同时又极有分寸感，相当得心应手。她在《斩娥》一剧中还充分展示了武生角色常用的跪蹉步、正反甩发等繁难技巧，恰到好处地融于戏中，完全服从于剧情、人物的需要而设，于处处时时展示她扎实的基本功和刻画人物的能力。

我看过蔡姐主演的大型剧目《西厢记》、《牡丹亭》，印象特别深刻的是她的传统经典名剧《琵琶记》。蔡姐把南方昆曲的婉约、幽邃和北方昆曲的爽达、豪放融为一体，扮演了一个有贞有烈、亦喜亦悲的赵五娘。现在国内诸多剧种都曾上演过此戏，各有千秋。而蔡姐则广采博收，独抒襟怀，着力通过细腻传神的形体表演、满腔深情的演唱，来渲染赵五娘勇于承受苦难、甘于自我牺牲与宽容待人的可贵精神。从《吃糠吃秕》第一折起，赵五娘声情并茂地一拉二推三吃糠，与公婆边唱边做出色的表演，就令人激动不已。在大旱饥荒之年，赵五娘的公婆双亲饥饿难耐衰老而亡，留下她孤立无援身陷困境，她并未自暴自弃，忍辱负重，极力侍奉公婆，直至送二老上坟归终，极尽孝道。从蔡姐的每一句声腔每一个细微的动作中，都可看出是真实地刻画了危难贫穷的典型环境，恰如其分地塑造了人物形象，丰富了人物的性格。在《筑坟上路》一折中，蔡姐强调了赵五娘不畏艰难困苦的性格。在《闯帘闯阁》中赵五娘寻丈夫蔡伯喈来到相府，见到丈夫另娶妻房牛小姐，由不明真相到痛诉衷肠释解前怨，蔡姐显露了赵五娘的外柔内刚和宽厚大度。直到末场大团圆，蔡姐也始终不忘着力深化人物内心，表现人与人之间在凄风苦难中不要绝望、同舟共济、相濡以沫的美好情感。可以说“赵五娘”是蔡姐从事昆曲生涯 50 年来最投入的一个角色。

蔡姐的艺德没得说，补台救场那些事只要翻阅一下剧院多年积累登载的报社演出广告，便能找出许多。剧院每月、每年及季度性的演出计划都要在报纸上登广告，这些都是我直接参与安排的。只要和蔡姐一说：“院里要安排在吉祥剧院和广和剧场演出一周，您看您能唱什么戏？整本大戏还是折子戏？您最近身体感觉行吗？”蔡姐她从来都是爽快地回答：“服从剧院安排吧。”没有任何矫揉造作的角儿脾气。记得有一年是在蔡姐女儿马澜考大学的紧要时期，她本可以陪伴女儿身边督促照料，不参加演出，可正逢黄金演出季，武戏演员伤得不少，有些讨巧的折子戏停了，而其他文戏演员又因诸多原因不能出演，蔡姐此时毅然舍小家顾大家，挑起了演出大旗。还有一次救场更叫人感动，剧院去河北霸县慰问演出。前两天大戏演完都很顺利，第三天折子戏专场，大轴自然是蔡姐陪青年演员同台演出《百花赠剑》。她早早就扮好了戏装，在后台化妆室默戏。谁知天有不测风云，锣鼓一响，开场演员在演出中不慎划伤了面部，血流如注，马上送去医院治疗，这时大幕也急速合上了，主持人马上上台向观众讲明真情。可是戏比天大啊！如果冷了场，叫观众坐等换戏，就会耽误很长时间。紧张状况下，剧院领导当机立断，安排演员清唱，蔡姐二话没说第一个出来救场。她穿着公主戏装站在台中，满宫满调、字正腔圆地唱了一段京剧《凤还巢》中的西皮原板转流水板，高腔亮嗓赢来满堂彩，有些原本要走的观众也折回并热烈鼓掌，再三要求蔡姐再唱一段。

蔡姐尊师谦逊。她在20世纪80年代初主演的《牡丹亭》一剧，是北昆老剧作家时弢老先生呕心沥血之作。老爷子为人实诚，说这个戏就是为蔡姐量身定做的。排练期间，主创人员天天在一起讨论磨合剧本。当时时弢老先生身体不好，有哮喘病、鼻炎，常常难受得说不出话，上下楼都喘不过气来。他家住劲松，出门来剧院更难。蔡姐一心想着，老先生生活起居的方便最重要，虽然她家住在灯市口，交通不便，但她从不管路途遥远，风雨无阻，有时骑车，有时坐公交，登门去求教时弢老先生，乐此不疲。老爷子和蔡姐关系很好，处得和一家人一样，不见外。

《牡丹亭》成功的演出，了却了时弢老先生的宿愿。感动得老爷子逢人便夸："小蔡人好，杜丽娘演得也好。"也是因为工作关系，后来时弢老爷子和我也成为"忘年交"，常和我说小蔡没角儿脾气，小蔡谦虚好学。我有时也和时弢老爷子提意见："您别老叫小蔡小蔡的，蔡姐怎么着也是个角儿啊！您叫大名才好听啊！"时弢老爷子倒也开朗爽直，他说这么叫着透着亲切，叫着年轻，小蔡也爱听。蔡姐也欣然允诺，叫得剧院里上下人都不呼她大名，都习惯叫她小蔡了。

说完了时弢老爷子，我再说说《牡丹亭》的作曲名家傅雪漪老先生。傅先生虽然出行比时弢老先生腰腿利落点，但要叫老爷子一趟趟来剧院为蔡姐拍曲说戏也很不易。雪漪老先生酷爱骑自行车，家住东城秦老胡同，一个老人，蹬车到陶然亭怎么也得个把钟头。蔡姐不落忍，为了不让老先生跑来跑去，就自己去老先生家学。雪漪老先生很是喜欢蔡姐谦逊好学、诚恳待人的好人品。之后，只要是蔡姐要演的戏，傅雪漪老先生从来都是有求必应，填词编曲，乐此不疲。蔡姐演过的戏大多半都是傅雪漪老先生作曲的。

蔡姐尊师好学，终成大器。她成功地塑造了大戏《牡丹亭》中的杜丽娘，离不开时弢与傅雪漪两位老先生的帮助，更离不开北昆老艺术家马祥麟先生的点拨、指导和传艺。马祥麟先生是男旦，擅长演正旦、贴旦、武旦，形成了北方昆曲独具一格的“马派”高腔的表演风格。而蔡姐因自幼从师于“传字辈”与俞振飞、言慧珠大师，在上海戏校时已经学会了《牡丹亭》一戏中的部分经典片断，她又亲眼目睹梅兰芳大师和俞振飞、言慧珠三位艺术家珠联璧合的演出和拍电影的过程。按常理说，人近中年的蔡姐已是角儿了。完全可以自行设计表演，发挥南派行腔优美、缠绵婉转、清丽妩媚的风格，但蔡姐却放下“身段”，细心聆听马祥麟先生对杜丽娘这一人物新的阐述，认真学习马祥麟先生的运腔行韵以及台步行走中讲究“曲和圆”的脚步，一招一式地吸收了马祥麟先生的北派精髓。作为南方人，蔡姐更是特别注意到了北方昆曲中州韵曲传统发声方法。在排练中，马祥麟先生不仅手把手地教她，还常常为她讲述古代女子丰、韵、柔、美的一些表演特点，蔡姐用心记，用纸写，并时常利用午休时间一个人在排练场练“私功”，俨然把自己当作是个小学生，没有丝毫懈怠。

由蔡姐主演的《西厢记》、《牡丹亭》、《琵琶记》等几出大戏后来曾多次复排，成为剧院的保留剧目。为了培养青年演员，蔡姐也由演员成为老师。当时青年演员在艺术上还很稚嫩，可以说这些大戏蔡姐都是从手、眼、身、法、步以及最基础的行腔运韵上一句一句、一招一式地去教授学生们。学生们技艺的长进完全得益于蔡姐的倾情投入，那段时间我看到蔡姐的额鬓已添了几许银丝！

蔡姐生活中平易近人，谦虚温和。我和她接触多了，自然要和蔡姐聊家常。一次，她知道我的女儿还小，就从家里拿来些她女儿的衣物给我，并坦率真诚地告诉我：“新旧都有，别介意啊，合适的你留下，不合适我就捐了，有什么困难你就说。”蔡姐真是把我当自家弟弟看待。一想起这些往事，我就伤心得不能自已。蔡姐真的是走得太早了，如果医学上真有能根治蔡姐病患的灵丹妙药，我真想效仿白蛇舍命上灵山去“盗仙草”了。

蔡姐热爱昆曲，一生奉献给了昆曲，她永远是晚生后辈的楷模。

后 记

2004 年写过一本关于蔡瑶铣的书叫《走进牡丹亭》。书名是请马季先生题写的，因为我知道蔡老师的爱人马树铭先生是马季先生的弟弟，所以在讨论谁写书名的时候，我立刻就提出请马季先生题。马先生的毛笔字在相声界是很有名的，我曾有幸求过马先生一幅字，很快马季先生就从广州把写好的书名寄过来了。

书中有关蔡老师经历的素材出自她的口述，全书则由我执笔撰写。还记得当时因为要赶时间，全书小样刚出来我和蔡老师说，出版社只给 3 天时间，就 3 天，请她抓紧审稿，因为这本书要赶在纪念她从艺 50 周年演出活动之前印出来。3 天后蔡老师如期把审读后的书稿拿回来了，几乎没怎么改动，书稿第一页是她本人同意出片印刷的签名。她告诉我，她把自己关在家里逐字逐句仔细看了 3 天。

我知道蔡老师是心很细的人，尤其是写她自己的书。很快书印出来了，第一时间我拿给了她。书递给她的一刻，我明显感觉到蔡老师拿书的手在微微颤动。

蔡瑶铣是北昆历史上第一位出自传的在职演员。

还记得 2004 年 12 月 25 日在北京民族文化宫大剧场，在纪念蔡瑶铣从艺 50 周年演出活动开始前，蔡老师身着黑色呢大衣，脖子上围着一条红色长围巾在剧场前厅伏案为观众售书签名的那一刻。那一刻，被我记录在了相机里。

在纪念她从艺 50 周年的演出中，蔡瑶铣亲自出演了她的成名作《西厢记》。本来她要演全剧的，但只演了一半就换了她的学生来演，我得到的消息是因为蔡老师身体不适。以后的一段时间我还能经常见到蔡老师，她还告诉我由台湾陈彬女士记录整理的她的自传体图书《瑶台仙音——我的昆剧艺术生活》也快出了，我为蔡老师高兴。

2005年8月的一天，蔡老师见到我说，她要去医院检查身体。她还说，她刚买了新房子，正在装修，装修好了让我去看看。我记忆中的蔡老师经常去医院检查身体，我就陪她去过几次。她在灯市口的老房子我也是经常去，为她写书期间就去过好几次，所以当时我并没太在意。然而很快就听说蔡老师得的是胰腺癌，我不敢相信，立刻约侯少奎老师一起赶往友谊医院，看到了躺在病床上身体已经很虚弱的蔡老师。蔡老师见到我们只是微微点点头，看得出她连说话的气力都没有了。

退出病房时，蓦然瞥见她病房的床头柜上放着一本《走进牡丹亭》。之后我又去了一次医院探视她，那时她已经完全陷入了昏迷。

蔡老师的生命在2005年11月30日不幸戛然而止，那天天气很冷。

蔡老师的悼词是我写的。那一刻我傻傻地坐在电脑前发呆，半天一个字没写。我知道那种"官样"的"冰冷"的"墓志铭"写不出我心里真实的感受。

她走得太早，太突然。"曲曲柔肠碎"，至今想来令人感伤。

蔡瑶铣是新中国成立后第一批由学校培养出来的昆曲演员，她所在的班级被后人称为"昆大班"。就是这个1954年成立的"昆大班"，在以后几十年里，成为培养昆曲演员最成功的"样板"，成为昆曲界的荣耀和品牌。"昆大班"演员成材率之高，舞台艺术青春之长久，市场号召力之大，至今让所有各昆曲院团的"团带班"或以其他方式培养出来的前辈与晚辈的昆曲演员们难以望其项背。

直到现在，人们都很难想象，当今昆曲舞台上如果没有"昆大班"培养出来的演员会是什么样子。

说到"昆大班"的培养方式，当年"传字辈"的老师们无疑起到了决定性作用。从苏州"昆剧传习所"出来的这些"传字辈"艺人，在动荡的年代坚守清贫，潜心学艺，成就了他们人人会吹笛、个个会拍曲、每每能教戏、行行皆通晓的高超本领。名师方能出高徒，由他们这些有着深厚古典文化修养的昆曲全才带出的"昆大班"，就如昆曲中的"清华"和"北大"！"厚德载物"，"兼容并包"，人才质量之高也就顺理成章不足为奇。

当年的"昆大班"是幸运的，有这样一批好老师。虽然当时的教学与生活条件等无法和现在相比，但当时艺术氛围、师资水平、教学质量等却让现在的人们羡慕不已。

可惜的是快60年过去了,一个甲子之后,“昆大班”仍是只此一家,再无分号。从“传习所”到“传字辈”,再到“昆大班”,是一条明晰的传承脉络。可到如今,笛声曲声,声声已成为“前世绝唱”,而“昆大班”培养出来的这些艺术家也都年已古稀,两鬓斑白。如再让当下这些“昆大班”出来的名家续前辈老师之弦,恐迟矣,晚矣。

我不知道今后“昆大班”的“神话”还会不会“重现”,能不能“复制”。毕竟现在是个浮躁的年代,毕竟“昆大班”培养出来已经成为昆曲名家的这些人没能再像他们“传字辈”老师那样能相对集中在一起潜心地手把手地去教学生。虽然这些人,人老心不老,仍奔波于各类舞台演出,观众饱了眼福,可从传承意义上讲,和当年潜心教学的“传字辈”老师们比,显然还是有些许遗憾。“十年树木,百年树人”,等到他们都演不动的时候再去静下心来教学生,恐怕也是心有余而力不足了。要知道当年“传字辈”这些老师们教“昆大班”时都才四五十岁的年龄。

我认为当下让人真正担心的不是这些“昆大班”出来的名家还能演多久,还能演多少出戏,还能传下多少出戏,而是培养“昆大班”的“摇篮”何处寻。昆曲不光是培养演员的事,更有从事文本、制谱等专门人才需要专门培养,这如同“皮之不存,毛将焉附”的道理一样。而我更认为,当今时代尤为要紧的是要有一批懂昆曲的决策者、管理者与理论者、评论者。他们决定和影响着各项昆曲扶持政策及资金的走向与投入,决定和影响着排什么戏,钱如何花,人才如何培养等最根本的问题。这些问题恰又是艺术家们无法解决的,是比演戏更为要紧之事。“功夫在戏外”,历史告诉我们,当年如没有那些体制内懂艺术有影响有良知的人的努力,纵然“传字辈”艺术上再出色,也定出不来《十五贯》,也定出不来“昆大班”。

这里就有一个昆曲“生态”环境的问题。目前当代昆曲“生态”环境重视各类昆曲剧目舞台形态的物质化,花大钱搞“大制作”,忽视了昆曲作为非物质文化遗产其独特的“生态”环境对其传统与传承有着不可或缺的重要影响。而这种忽视如长此以往,甚至成为体制内的主导和主流,势必如“南橘北枳”,对审美上以写意、精致、唯美为主的昆曲将会产生“异化”或者“变质”的后果。

好在本书记录下了一些昆曲传承的点滴真谛,有经验可资借鉴,有教训可供汲取。

如此,我更觉蔡瑶铣生前办的两件事情有着特殊意义。一件是她“伯乐识马”直接培养、提携了北昆的王振义、魏春荣、邵峥等后辈演员。其中王振义、魏春荣等还相继获得了中国戏剧“梅花奖”。如再加上向她问艺的其他北昆“梅花奖”演员，在北昆她这一代艺术家中，蔡瑶铣是为北昆培养“梅花奖”最多的人。

这让我想起20世纪80年代初侯少奎先生第一次评“梅花奖”，少奎先生因“太嫩”而落选。第二次评“梅花奖”的第一轮投票中少奎先生再次落选。在第二轮投票中，性格秉直的吴祖光先生“拍案而起”，给所有评委写了一封公开信。吴先生在信中大声疾呼道：如果你们不选侯少奎，你们将犯历史性错误。当年45岁的侯少奎被评上了。吴祖光先生事后还给侯少奎写了“生正逢时”四个大字，至今仍挂在少奎先生家中。现在回过头来看，历史证明吴先生是正确的，已经74岁的少奎先生成为北方昆曲剧院的一面大旗。

第二件事情是，从1997年起蔡瑶铣开始利用她全国人大代表的身份向有关单位和领导呼吁为北昆尽快招收一批昆曲学员，为北昆培养青年演员。她呼吁奔走了整整4年，2001年终于得到上级的批准，要知道那时昆曲的处境还非常困难。

10年过去了，现在这些北昆最年轻的演员有一些已经成了北昆一线演员。

要做到这两件事情当时需要何等的气力和眼光。正是这两件事情，让北昆的传承没有断档，让北昆的人才没有断层。

蔡瑶铣生前留下了一串闪光的剧目，如《牡丹亭》、《西厢记》、《窦娥冤》、《琵琶记》、《玉簪记》、《女弹》等。本来作为一名演员和一位艺术家演好戏足矣，但蔡瑶铣没有满足这样。所以让我说，仅就她办的上述两件事情，就足以让历史，让后人记住她。从这个意义上讲，蔡瑶铣无疑是“昆大班”中对北昆贡献最大的一位，值得北昆人向她永远的致敬。

“落红月下化春泥，花开花盛更护花”。蔡瑶铣不仅是一位艺术家，更是一位身体力行“传道授业解惑”的老师。我想已经化作“春泥”的蔡瑶铣在九泉之下也一定会同意这样称呼她的。

蔡瑶铣并非世家出身。她生在旧中国，长在红旗下，其一生中有过辉煌，有过低谷，有过迷茫，更有过挫折。当年为了写书，在与她多次沟通时，我甚至能隐约感到她内心对出自传体书的一丝忐忑不安。因为演员总是喜欢把自己最光鲜的一面展示给世人，不愿意把深藏内心的一些事情“暴露”给外人，这可以理解。但作为昆曲演员的自传体书，我还是很担心把书写成捧角儿的书，担心演员的“口述”是否真实客观，担心怕经不起历史的检验。因为一般说来，演员的传记大都太“正”，毕竟写书和唱戏是两回事。所以，当年在为蔡瑶铣写书的过程中，我还是采取了把她本人的经历放到一定历史背景下去观察去思考的方法。我是赞同写人物传记的这种做法，从宏观着眼，从微观下手。著名史学家《万历十五年》的作者黄仁宇在解释他的"大历史观"时说："纵使事实之衍化对我们个人不能如意，或者在短时看来为荒谬不合理，可是把这些情事前后连贯，又从超过人身经验的角度看去，则它们有其意义；最低限度，这些事迹使我们知道我们生命旅途之原委。"因为任何人都是生存在一定历史环境中的，对与错，成与败，都不可能脱离或超越历史环境的制约与影响，有的时候一定的历史环境对人的一生具有决定性的影响。

艺术需要人生的感悟，人生更需要历史的启迪。

比如我在为蔡老师写"昆大班"那段经历时，可以明显地感觉到她在和我谈及言慧珠时的那种感慨、无奈、惋惜和崇拜的神情。言慧珠是蔡瑶铣学生时代的校长，更是她的老师。从当年蔡瑶铣的一些老照片上甚至可以看出，她当时的一些神态都是在有意模仿言慧珠。毕竟都是旦角，毕竟"昆大班"的"传字辈"老师都是男老师，所以当时显得格外"出位"的言慧珠无疑是她们这些女生心中的偶像。何况早已是京剧名家的言慧珠，当时放下身段和"昆大班"的女学生们几乎是同步在学昆曲；更何况言慧珠和蔡瑶铣作为师生，还有过两次总共长达一年之久同住在一个屋子里"无话不说"的难忘经历。但由于众所周知的原因，为尊者讳，有些话只能点到为止。由此我在书里用"春秋笔法"为蔡老师写下了如下"欲说还休"的话："有人说上海是'张爱玲的上海'，是'陆小曼的上海'，既浪漫又传统，既洒脱又哀愁。可是，我觉得言慧珠更像上海，精致、个性、张扬，正面是光彩夺目，背后是丝丝忧愁。当忧愁转化为抗争，悲剧就在所难免了。"

"直笔"也好，"曲笔"也罢，述说解读一些历史事件或者一些历史人物时还是需要智慧需要境界的。

艺术固然重要，但艺术背后酸甜苦辣的人生阅历和切身感悟则对后人的开启心智更有价值。

蔡瑶铣从艺50年的人生，恰一半在南方，另一半在北方。如同这本《月下花神言极丽——蔡瑶铣传》中"月下花神言极丽"一句。这句出自宋代著名词人洪皓《江梅引·访寒梅》的词想来一定曾给蔡瑶铣留下了深刻的印象，她曾于1976年专为毛泽东录制过这首词。词人洪皓虽身为南方人，但他人生最辉煌的时刻是在北方，其出使金朝威武不屈的经历在历史上被称为"宋之苏武"。

1979年蔡瑶铣从南方来到了北方，来到了北京，来到了北方昆曲剧院，从此开始了她新的艺术人生。

“一生一世一佳人”。毋庸置疑，蔡瑶铣在南方的25年以一部现代京剧《海港》扬起了她艺术的风帆。而她最辉煌的艺术人生则是在北方。在北方昆曲剧院的25年里，蔡瑶铣达到了她艺术人生的顶峰与终点。

在即将交付书稿之时，我总感觉还缺点什么，于是试着向钮君怡编辑提出可否由她请昆曲名家蔡正仁先生为本书做个序，或长或短，说点什么。因为我知道谢柏梁教授和钮编辑刚刚为蔡正仁先生撰写了一本传记，如能请到蔡正仁先生来写序定是最好不过的。钮编辑很热情地答应试一试。隔不久，她就把蔡正仁先生写好的序发过来了。

当我第一眼看到蔡先生的序，天呀，写得真好！

“自古英雄惜英雄”。蔡正仁先生序中的一句“她若还在，那该多好”，实谓天地可鉴，发自肺腑，真诚真挚，催人心动，字里行间尽显几十年风雨之同学、同事、同行、同为江浙人的厚谊深情。如是，在淡淡白描之中，一位“活生生”的真实可信的蔡瑶铣，跃然纸上，立现眼帘。特别是在看校样时，看到钮君怡编辑特意为该序配的三幅珍贵照片，尤令人眼湿。由此衷心感谢“懂文”、“懂戏”更“懂人”的钮编辑。

蔡正仁先生的序无疑是史学意义上珍贵的“第一历史”，是对蔡瑶铣本人艺术与人品最权威、最真实、最客观的注释，且相互印证，与本书对蔡瑶铣62年“亦南亦北”的人生记录也是契合的。

为此谨特向为本书作序的一南一北两位与蔡瑶铣生前相识相熟的昆曲名家蔡正仁先生和侯少奎先生致敬。同时要特别向中国戏曲学院谢柏梁教授、上海古籍出版社钮君怡编辑表示深深谢意，由于他们的努力，令本书有了不同的意义和分量。此外还要向蔡瑶铣的学生、已经是昆曲知名旦角的魏春荣和北方昆曲剧院的姚鸿明、张蕾等同仁对本书热忱的支持和积极的协助表示诚挚感谢。

胡明明

2013年2月

图书在版编目（CIP）数据

月下花神言极丽：蔡瑶铣传 / 胡明明著. —上海：上海古籍出版社，2013.6
（中国京昆艺术家传记丛书）
ISBN 978-7-5325-6795-9

Ⅰ. ①月… Ⅱ. ①胡… Ⅲ. ①蔡瑶铣（1943～2005）—传记 Ⅳ. ①K825.78

中国版本图书馆CIP数据核字（2013）第068243号

中国京昆艺术家传记丛书
月下花神言极丽
——蔡瑶铣传
胡明明　著

上海世纪出版股份有限公司
上　海　古　籍　出　版　社　出版
（上海瑞金二路272号　邮政编码200020）
（1）网址：www.guji.com.cn
（2）E-mail:guji@guji.com.cn
（3）易文网网址：www.ewen.cc

上海世纪出版股份有限公司发行中心发行经销
上海丽佳制版印刷有限公司印刷
开本787×1092　1/18　印张12 8/18　字数220,000
2013年6月第1版　2013年6月第1次印刷
印数　1-2,100
ISBN 978-7-5325-6795-9/J·438
定价：40.00元

如有质量问题，读者可向工厂调换